PREMIERS EXERCICES

DE

STYLE ÉPISTOLAIRE

A L'USAGE

DES PENSIONS DES DEUX SEXES

PAR

TH^{re} LEPETIT

Professeur.

> Bien écrire, c'est bien penser,
> bien sentir et bien rendre.
> BUFFON.

PARIS

LAROUSSE ET BOYER, LIBRAIRES-ÉDITEURS

RUE SAINT-ANDRÉ-DES-ARTS, 49

PREMIERS EXERCICES

DE

STYLE ÉPISTOLAIRE.

Chaque exemplaire est revêtu de la signature des Éditeurs.

PREMIERS EXERCICES

DE

STYLE ÉPISTOLAIRE

À L'USAGE

Des pensions des deux sexes

PAR

Th^re LEPETIT

Professeur.

> Bien écrire, c'est bien penser,
> bien sentir et bien rendre.
>
> BUFFON.

TROISIÈME ÉDITION

PARIS

LAROUSSE ET BOYER, Libraires-Éditeurs

RUE SAINT-ANDRÉ-DES-ARTS, 49

OUVRAGES DE M. TH. LEPETIT

GRAMMAIRE

Petit Lhomond des Écoles (le), ou Principes élémentaires de Grammaire française. Cartonné, 50 c.

EXERCICES PRÉPARATOIRES

AU COURS GRADUÉ DE DICTÉES FRANÇAISES

250 Devoirs nouveaux en phrases détachées sur les dix parties du discours et la ponctuation.

Livre de l'Élève, 75 c. — Livre du Maître, 1 fr.

COURS GRADUÉ DE DICTÉES FRANÇAISES

En texte suivi, sur un plan entièrement neuf.

Cours de 1re année, livre de l'Élève, 75 c.
— livre du Maître, 1 fr.
Cours de 2e année, livre de l'Élève, 1 fr. 10 c.
— livre du Maître, 1 fr. 50 c.
Cours de 3e année, Dictées supérieures, suivies d'un Vocabulaire raisonné. 1 vol., à l'usage du Maître, 2 fr.
Dictées orthographiques, avec corrigé raisonné à la suite de chaque Dictée. 1 vol., à l'usage du Maître, 2 fr.
Dictées sur les participes. 1 vol., à l'usage du Maître.
Dictées sur les homonymes et les paronymes de la langue française. — Livre de l'Élève, 1 fr. 10 ; livre du Maître, 1 fr. 50.
Dictées sur les synonymes (en préparation).

COURS GRADUÉ D'EXERCICES DE STYLE

Principes et Exercices élémentaires de composition française, comprenant : 1° des Préceptes pour chaque genre ; 2° des Modèles de composition littéraire ; 3° de nombreux exercices d'imitation. 1 vol., à l'usage des Élèves. Cartonné, 75 c.
Premiers Exercices de style épistolaire, 1 fr. 10.
Exercices de style, précédés de notions élémentaires sur la composition littéraire, à l'usage des Pensions des deux sexes :
Cours de 1re année, 1 fr. 50 c.
Cours de 2e année, 1 fr. 50 c.

VERSIFICATION FRANÇAISE

Principes et Exercices élémentaires. 1 vol. in-12, à l'usage des Maisons d'éducation, 75 c.

PRÉCIS DE LITTÉRATURE CLASSIQUE

Ou Histoire raisonnée des Quatre grands siècles littéraires, avec citations et indications de Lectures. — 4 vol. in-12, correspondant aux quatre siècles de Périclès, d'Auguste, de Léon x et de Louis xiv. — Prix de chaque vol. : 1 fr. 50 c.

Paris. — Édouard Blot, imprimeur, rue Turenne, 66

PRÉFACE

DE LA PREMIÈRE ÉDITION

On nous a souvent demandé, dans les pensions où nous donnons des leçons, des *Exercices de style épistolaire* qui fussent à la portée des plus jeunes intelligences : c'est pour satisfaire à ce désir que nous publions aujourd'hui ce petit ouvrage.

Il se compose de deux parties distinctes : la *théorie* et la *pratique*.

La *première* est fort courte ; elle se borne à faire connaître les différentes sortes de lettres et la source où les élèves pourront puiser leurs idées principales.

La *seconde* est beaucoup plus longue ; elle comprend *soixante-quinze* lettres, précédées chacune d'un *sommaire* qui doit être dicté aux élèves. Les sujets de presque toutes ces lettres sont pris dans les événements de la vie de pension, de la vie de famille; de cette manière, les élèves n'ont qu'à exprimer ce qu'ils voient et entendent tous les jours; et, par conséquent, ne sauraient être embarrassés. Il n'est d'ailleurs pas un seul de nos exercices qui ne soit propre à développer l'esprit et à former le cœur.

Puisse notre petit livre être de quelque utlité à la jeunesse: c'est là notre seule ambition !

Th. LEPETIT.

Paris, 20 mai 1857.

INTRODUCTION.

___

DU STYLE ÉPISTOLAIRE.

Le *style épistolaire* est la manière d'exprimer convenablement ses pensées dans une lettre.

Une *lettre* est une conversation par écrit entre absents.

De là, comme nous l'avons dit ailleurs (1), cette règle générale qu'on doit écrire comme on parle, pourvu toutefois qu'on parle bien. On doit même mieux parler dans une lettre que dans la conversation, parce qu'on a le temps de choisir ses idées et ses expressions, et de leur donner un tour agréable. Il faut cependant ne jamais s'écarter du naturel, et éviter avec soin les expressions trop pompeuses, les tournures recherchées et tout ce qui sent la contrainte et le travail.

Le caractère, l'âge, la qualité de la personne qui écrit et de celle à qui la lettre est adressée, les rapports si variés qui peuvent exister entre elles, le sujet dont on s'entretient, le temps, le lieu et mille autres circonstances, exigent dans le style des nuances à l'infini : aussi peut-on employer dans une lettre tous les mots, toutes les expressions, toutes les locutions imaginables, pourvu qu'on se fasse entendre sans choquer l'oreille, le goût et le bon sens.

Voilà tout ce que nous dirons du style épistolaire, persuadé que nous sommes que la lecture des bons écrivains en ce genre profitera toujours beaucoup plus que les règles incomplètes ou arbitraires que nous pourrions donner.

(1) Voyez notre *Cours gradué d'Exercices de style*, p. 8.

1

Nous ne parlerons pas non plus des *convenances* et du *cérémonial* des lettres, ces accessoires que le goût, l'usage et la bonne société apprendront mieux que nous ne pourrions le faire (1).

Des différentes sortes de lettres.

Les sujets que les lettres embrassent sont aussi variés que ceux de la conversation elle-même, comme souhaits, reproches, excuses, affaires, etc.; elles peuvent même avoir pour objet des descriptions, des dissertations, des sujets de morale, d'histoire, etc., etc.

I.

Lettres de souhaits.

Les *lettres de souhaits* sont de deux sortes : les premières pour les *fêtes*, les secondes pour le *premier jour de l'an*.

Les lettres de souhaits pour *fête* demandent, entre amis ou égaux, une gaîté agréable et franche : on doit se réjouir avec ceux que l'on fête ; mais quand on écrit à quelqu'un au-dessus de soi, il faut faire dominer le respect.

Quant aux *lettres de bonne année*, que votre cœur et non votre esprit vous dicte les sentiments que vous exprimez : c'est du cœur que viennent les bonnes pensées. Aimez, et vous apprendrez facilement à le dire.

II.

Lettres de félicitation.

On apprend avec joie, et l'on partage avec bonheur tout ce qui peut arriver d'agréable à quelqu'un qu'on aime. On doit

(1) On pourra consulter, à ce sujet, les exercices de *Style épistolaire*, par M. *Abrant*, page 21, même librairie.

se faire alors un devoir de lui en marquer sa satisfaction et de l'en féliciter; c'est le but que l'on se propose dans les *lettres* que l'on appelle, à cause de cela, de *félicitation.*

Dans ces sortes de lettres, il suffit d'exprimer avec simplicité les sentiments que l'on éprouve : un ami reçoit toujours avec plaisir des paroles sorties du cœur, et préfère une effusion simple et vraie à des compliments étudiés.

S'il est question d'emploi, de dignité accordée à la personne à qui l'on adresse des félicitations, on donne à entendre — dit un auteur — que ce n'est qu'un acte de justice...; que le mérite a su se faire jour...; on a l'air de féliciter la place qui sera si bien remplie, plutôt que la personne qui l'obtient. Ces pensées donnent de l'à-propos et un peu d'enjoûment à une lettre de félicitation, et lui ôtent la fadeur des compliments qu'elle pourrait avoir.

La longueur est un grand défaut dans ces sortes de lettres : il est à supposer que vous n'êtes pas le seul à faire votre compliment; il faut, par conséquent, laisser le loisir d'écouter les compliments des autres.

III.

Lettre de condoléance.

Dans les *lettres de condoléance,* on se borne, pour l'ordinaire, à témoigner simplement la part que l'on prend à la perte qui y donne occasion. Quelques réflexions religieuses n'y sont pas déplacées : la grande idée de Dieu anéantit, en quelque sorte, tout ce qui nous paraît si important dans la vie, et nous permet d'espérer que notre séparation d'avec celui que nous pleurons ne sera pas éternelle. On peut louer la personne qui est le sujet des larmes, quand on écrit à quelqu'un qui la chérissait; mais, en général, ces matières demandent beaucoup de délicatesse, et il vaut peut-être mieux se tenir en deçà que d'aller imprudemment trop loin.

IV

Lettres de demande.

Dans les *lettres de demande*, le moyen le plus sûr et le plus honnête, est d'exposer loyalement l'objet de sa demande, de l'exprimer avec modestie, quoique sans bassesse, et de louer finement les qualités de la personne qu'on veut intéresser en sa faveur.

Entre amis, on peut se borner à exposer simplement le fait, surtout si la chose dont il s'agit est difficile à accorder.

V.

Lettres de remercîment.

Ne recevez jamais un service d'une personne sans lui adresser une *lettre de remercîment* : la reconnaissance est la mémoire du cœur. Avez-vous à reconnaître même un léger service, dites qu'il était d'une grande importance et que vous ne l'oublierez jamais. Remerciez-vous pour un autre, faites sentir la joie qu'a éprouvée celui qui a été obligé, tout ce dont il se croit redevable, et témoignez en même temps votre propre satisfaction. Dites que vous êtes touché de la bonne volonté et de l'empressement qu'a mis la personne qui vous a obligé, et protestez que vous lui êtes vivement attaché, et que vous saisirez avec plaisir toutes les occasions de lui en témoigner votre reconnaissance.

Mettez dans ces sortes de lettres beaucoup de sensibilité : c'est le cœur plutôt que l'esprit qui doit y parler.

VI.

Lettres de recommandation.

Les *lettres de recommandation* sont fondées sur cette loi : « Nous devons tous nous aider mutuellement. » Par ces sortes de lettres, nous réclamons pour un autre la protection dont un homme plus ou moins puissant nous honore, ou l'affection qu'un ami nous a vouée. Elles doivent contenir l'objet de la demande et l'éloge prudent de la personne recommandée : c'est justifier les sentiments qu'on a pour cette personne, afin de lui concilier ceux des autres.

La politesse veut qu'on remette non cachetée la lettre à la personne recommandée, afin qu'elle voie tout le bien qu'on dit d'elle.

VII.

Lettres d'amitié.

Les *lettres d'amitié* sont celles dans lesquelles on épanche son cœur avec un père, un ami, un camarade, ou toute autre personne aimée. Le principal mérite de ces sortes de lettres est l'effusion franche et sincère des sentiments qu'on éprouve ; rien ne doit y sentir la contrainte. Là, tous les sujets, tous les tons vous sont permis ; ceux qui doivent vous lire se prêteront à tout ; sitôt qu'ils auront reconnu sur l'adresse la main qui l'a tracée, ils seront disposés d'avance à tout applaudir. Ne craignez pas d'être long ; les lettres de ceux qu'on aime paraissent toujours trop courtes. Vous auriez tort cependant de trop compter sur l'indulgence de vos lecteurs et d'abuser de votre amitié. Ils s'acquittent de leur devoir en renonçant à la critique ; mais vous, le vôtre est de songer à leur faire plaisir ; et plus ils sont indulgents à votre égard, plus vous devez être sévère envers vous-même ; ne faites pas, en un mot, comme ces gens qui écrivent des lettres qui ne valent pas la modique rétribution qu'il faut payer pour les recevoir.

VIII.

Lettres de conseil.

Les *lettres de conseil* sont faciles quand il s'agit d'un père qui s'adresse par devoir à son fils pour le guider, ou bien d'un frère aîné à son jeune frère, et, en général, d'un supérieur à son inférieur : mais, dans tous les autres cas, elles demandent beaucoup de réserve et de prudence. Il faut se montrer bien pénétré du conseil que l'on donne, et en faire ressortir tous les avantages, enfin prendre bien garde de blesser l'amour-propre. Il est encore de la plus grande importance de dire simplement ce que l'on pense : le conseil en est toujours mieux accueilli.

IX.

Lettres de reproches.

Les *lettres de reproches* demandent beaucoup de prudence et de modération : si on se laissait aller à toute la vivacité de son caractère ou de son ressentiment, on pourrait souvent aigrir, sans espoir de retour, les personnes dont on a à se plaindre. Réfléchissez donc beaucoup avant d'écrire une lettre de reproches, et quand vous croirez devoir en adresser, assurez-vous bien auparavant des faits dont il s'agit.

Il est un autre genre de reproches où la prudence n'est pas aussi nécessaire : ce sont ceux que l'on adresse à un ami qui paraît un peu nous oublier, qui ne donne point de ses nouvelles ou qui craint de nous importuner. Il faut ici de la grâce, de l'enjoûment et une légère teinte de sensibilité. Les vérités que l'on se permet dans ce cas doivent être dites en badinant, et comme par une douce raillerie : elles font alors plaisir à ceux qui les reçoivent et les corrigent quelquefois.

X.

Lettres d'excuses.

Dans les *lettres d'excuses*, faites franchement l'aveu de vos torts : c'est la plus belle excuse que vous puissiez donner. Montrez-vous disposé à réparer le passé.

XI.

Lettres de justification.

Dans une *lettre de justification*, débutez d'une manière noble et assurée; montrez combien vous êtes indigné d'avoir été injustement accusé, et attachez-vous à faire éclater sur tous les points votre innocence.

XII.

Lettres d'adieu.

Les *lettres d'adieu* sont celles qu'on écrit à un parent ou à un ami qu'on va quitter. La matière de ces lettres est tout entière dans les regrets de l'absence, dans le souvenir des plaisirs goûtés, dans l'espérance de se voir réunis de nouveau, et quelquefois aussi dans le désir d'entretenir une correspondance suivie; enfin, on y exprime, s'il y a lieu, les sentiments de sa reconnaissance.

XIII.

Lettres d'affaires.

Dans les *lettres d'affaires*, allez droit au fait; indiquez nettement et avec ordre vos pensées, sans préambule, sans développements inutiles; surtout gardez-vous de faire de l'esprit; en pareille circonstance, l'esprit est un luxe dont il faut savoir se passer : le bon sens suffit.

XIV.

Lettres de morale et d'histoire.

Les *lettres de morale, d'histoire*, etc., sont très-propres à donner de l'essor à l'imagination des élèves et à exercer leur jugement. La justesse des pensées, la noblesse des sentiments et le choix des expressions en sont le principal caractère.

Quant aux lettres d'histoire, leur première qualité est la vérité. Une lettre de ce genre n'est bonne qu'autant qu'elle est vraie, comme un tableau n'a de prix qu'autant qu'il représente fidèlement la nature. Il faut donc se montrer exact dans l'exposé des faits, citer avec soin le temps et les lieux, et conserver à ses personnages la physionomie que l'histoire leur a donnée.

XV.

Lettres mixtes.

Les *lettres mixtes* sont celles qui contiennent à la fois des conseils, des félicitations, des excuses, etc. Pour ces sortes de lettres, faites un alinéa chaque fois que vous changerez de sujet, et conformez-vous aux préceptes que nous avons donnés pour chaque genre en particulier.

XVI.

Lettres de réponse.

Les *lettres de réponse* doivent être généralement courtes et analogues, soit pour le fond, soit pour la forme, aux lettres qui les déterminent, puisqu'elles sont la continuation de l'entretien.

PREMIERS EXERCICES

DE STYLE ÉPISTOLAIRE.

1.

Augustine à son amie Alicia qui vient de perdre sa petite sœur.

SOMMAIRE.

Elle prend part au malheur de son amie..... Marie était si gentille!..... elle a été enlevée si subitement!..... Mais, qui sait si Dieu..... Elle est maintenant un petit ange au ciel...; elle..... Un jour.....

DÉVELOPPEMENT.

Ma chère Alicia,

Le malheur qui vient de te frapper a retenti dans mon cœur, et j'ai pleuré comme toi cette petite Marie que nous aimions tant!

Lorsque, il y a deux mois à peine, penchées sur son berceau, nous l'admirions dans son sommeil, pouvions-nous penser que ce petit être au front si calme, au teint si vermeil, au sourire si doux, nous serait si tôt ravi?

Comme toi, Alicia, j'ai d'abord été bien triste et j'ai beaucoup pleuré; mais une pensée bien consolante m'est venue, et je me suis représenté notre douce

Marie, ange du ciel, heureuse auprès de Dieu. Elle est arrivée au port avant nous ; pourrions-nous la plaindre de n'avoir pas eu à essuyer les orages de cette vie, et de s'être envolée sans tache dans le séjour de la paix et de la félicité?

Nous pleurerons Marie longtemps encore, mais sans amertume, n'est-ce pas, ma chère Alicia? notre petit ange nous prépare une place et nous irons le rejoindre un jour.

Ta sincère amie.

AUGUSTINE.

2.

Huit jours au village où j'ai été élevée. (Lettre de Cécile à Amélie.)

SOMMAIRE.

Cécile a été passer huit jours au village où elle a été élevée... Elle a revu.... ; elle a caressé.... ; elle a joué avec.... ; elle s'est promenée dans.... ; son petit jardin..... Elle a couché dans sa petite chambre.... ; les fenêtres en sont toujours bordées par..... Elle donnera de plus longs détails à son amie la prochaine fois qu'elle la verra.

DÉVELOPPEMENT.

Ma chère Amélie,

Je viens de passer huit jours au village où j'ai été élevée : juge de mon bonheur! J'ai revu mes coteaux, mes vallées et la petite habitation où mes premières années se sont écoulées si douces, si exemptes de tout souci. J'ai caressé ma belle chèvre et ce bon Fidèle qui, le matin, me portait sur son dos complaisant, quand je voulais aller respirer l'air pur des champs; et qui, le soir, me rapportait encore pour épargner une trop longue marche à mes jambes fatiguées. J'ai revu le grand jardin, témoin de mes joyeux ébats, et mon petit jardin à moi, qu'on m'avait donné avec la liberté d'en faire ce que je voudrais. Rien n'y est changé; ma jolie charmille l'entoure toujours, mais elle a bien grandi; une main amie y a planté deux beaux rosiers avec de nombreuses touffes de *ne m'oubliez pas* et de magnifiques pieds de pensées. J'ai couché dans ma petite chambre: ma belle vigne en borde toujours la fenêtre. Que de fois une personne bien-aimée en a détaché une grappe le matin pour m'éveiller, le soir pour m'endormir! Oh! comment pourrais-je te peindre les émotions que j'ai éprouvées en visitant tous les lieux où j'ai passé mon enfance! Quand je te verrai, je t'en dirai plus long.

En attendant, je t'embrasse de tout mon cœur.

CÉCILE FOURNIER.

3.

Zoé décrit à sa cousine une petite chapelle que l'on a disposée à sa pension pour le mois de Marie.

SOMMAIRE.

Ornez avec goût votre petite chapelle de fleurs, de tableaux, etc.... Décorez l'autel de..... Dites que la statue de..... Invitez votre amie à venir voir.....

DÉVELOPPEMENT.

Ma chère cousine,

Nous venons de disposer à la pension une petite chapelle pour le mois de Marie. Elle est toute garnie de bleu et ornée de fleurs. Il y a aussi plusieurs tableaux; celui que je préfère représente la sainte Vierge tenant l'enfant Jésus dans ses bras. De belles bruyères blanches décorent l'autel. La sainte Vierge est entourée de bouquets d'aubépine; elle semble nous sourire quand nous la prions.

Je voudrais bien, ma bonne cousine, que tu vinsses me voir, cela me ferait bien plaisir, et puis je te montrerais notre jolie petite chapelle.

Ton amie pour toujours.

ZOÉ.

4.

Un père à son fils qui a fait un mensonge.

SOMMAIRE.

Il lui dit le chagrin qu'il a eu en apprenant..... Il était si heureux de la franchise de son Ernest....! Maintenant on ne voudra plus croire..... Il a violé un des commandements..... A quoi sert de mentir ? Dieu..... Il espère que désormais.....

DÉVELOPPEMENT.

Mon cher enfant,

J'ai reçu hier une lettre qui m'a rendu bien triste, car elle m'apprend que tu as fait un mensonge. Mon fils menteur ! me suis-je écrié ; moi qui, la dernière fois que j'ai été le voir, me disais avec bonheur : « Mon Ernest est franc et ouvert ; jamais il n'a cherché de détours, et lorsqu'il a des torts, il les avoue sincèrement. » Et maintenant, mon enfant, je ne jouirai plus de ce bonheur ; car le mensonge, vois-tu, laisse après lui une tache déshonorante ; bientôt peut-être on te dira : « Monsieur, je ne puis vous croire, car vous avez déjà menti. » Et tu seras bien malheureux. Et puis, à quoi sert de mentir, de violer un des principaux préceptes de la loi divine ? Celui qui connaît nos plus secrètes pensées, découvre toujours le mensonge et le punit sévèrement. Quant à ton père, il te plaint, sans cesser de t'aimer, car il espère que désormais tu ne mentiras plus.

Ton meilleur ami.

5.

Une jeune fille demande conseil à sa mère, au sujet d'une petite pension que sa tante veut lui faire pour sa toilette.

SOMMAIRE.

Elle dit à sa mère que sa tante lui a offert, etc.....; qu'elle a re-

fusé..... Sa tante insistera sans doute..... que doit-elle faire?...
Pour elle, elle pense que..... Au surplus, elle fera ce que.....

DÉVELOPPEMENT.

Ma bonne mère,

Ma tante veut me faire une petite pension pour ma toilette. Je l'ai remerciée en lui assurant que, sur ce point, je ne formais aucun désir. Elle insistera sans doute; et je ne veux rien accepter, ma bonne mère, sans vous demander conseil. Veuillez donc m'écrire à ce sujet. Pour moi, j'éprouve quelque répugnance à accepter des bontés de ma tante pour me procurer des colifichets, dont je puis fort bien me passer. Au surplus, je ferai ce que vous jugerez convenable.

Adieu, ma bonne mère; j'attends votre réponse.
Votre fille qui vous aime bien tendrement.

EUPHRASIE.

6.

Conseil d'une mère à sa fille.

(Réponse à la lettre précédente.)

SOMMAIRE.

Ta lettre, ma chère fille, m'a causé (quoi?)..... Si j'ai quelquefois regretté de ne pas être..., c'est que...., et que.....; mais quand je vois que tu es assez raisonnable pour...., je n'ai plus aucun regret. Nous sommes d'ailleurs à l'abri du besoin, je dirais même que nous sommes riches, comparativement à....; et puisque ta mise simple te suffit, je.....

Je suis de ton avis : il ne faut pas accepter...., non parce que
je me trouverais humiliée...., mais parce que...., et que.....
Je t'embrasse de tout mon cœur.

DÉVELOPPEMENT.

Ma chère Euphrasie,

Ta lettre m'a causé la plus douce satisfaction. Si j'ai
quelquefois regretté de ne pas être riche, c'est que je
craignais que tu n'eusses à souffrir trop de privations;
mais quand je vois que tu es si raisonnable, que tu sais
te mettre au-dessus des fantaisies de ton âge, je n'ai plus
de regrets. Nous ne sommes pas très-pauvres, mon enfant; je dirais même que nous sommes riches, en son-
geant qu'il est des mères qui ne peuvent donner à leurs
enfants un pain suffisant. Grâces à Dieu, je suis à l'abri
d'un pareil malheur; et, puisque tu vois sans envie le
luxe qui t'environne chez ma sœur, puisque la mise
simple et propre que je puis te procurer suffit à tes désirs, je puis dire dès aujourd'hui que nous serons toujours heureuses.

Je suis de ton avis, ma bonne Euphrasie : il ne faut pas
accepter l'offre de ta tante; non parce que je me trouverais humiliée de ses dons; j'aimerais, au contraire,
à lui procurer la satisfaction de faire quelque chose pour
toi; car je sens qu'à sa place il me serait doux d'être
utile à une nièce. Si nous étions dans le besoin je n'hé-
siterais donc pas à recourir à elle; mais puisqu'il s'agit
seulement du superflu, il ne serait pas convenable de
profiter de sa générosité. La parure convient aux gens
riches; elle sied mal à une jeune personne sans fortune.

Tu as compris tout cela malgré ton extrême jeunesse;
je t'en aimerais davantage, si quelque chose pouvait
ajouter à la tendresse de ta mère.

7.

Ernest écrit à son ami qu'il y a maintenant trop de singes à Paris, il lui dit les désagréments qui en résultent.

SOMMAIRE.

Ernest dit à son ami qu'il y a maintenant dans les rues de Paris
autant de singes que de passants..... Les uns sont en uniforme...;
les autres..... Ceux-ci sont à cheval sur un caniche....; ceux-
là....; d'autres..... Mais il est peu agréable, lorsque vous ouvrez
votre fenêtre, de trouver un vilain singe qui.... ; ou bien, quand
vous vous promenez, de sentir tout à coup sur votre épaule.....
Ces petits désagréments de la ville lui font regretter la campagne.

DÉVELOPPEMENT.

Mon cher ami,

La population parisienne augmente d'une façon peu
flatteuse pour la nation. Il y a aujourd'hui dans les rues
de Paris autant de singes que de passants. Ces mes-
sieurs, c'est des singes que je parle, ont d'ailleurs une
mise irréprochable; les uns sont en uniforme, l'épée au
côté; les autres, en robe rouge; ceux-ci, en habit;
ceux-là, en redingote; tous vous saluent poliment; il y
en a même qui vous présentent leur passeport; il en est
un surtout qui a une très-bonne façon à cheval sur un
caniche. Mais il est peu agréable, lorsque vous ouvrez

votre fenêtre, de trouver un vilain singe, que vous ne connaissez point du tout, assis sur votre balcon et vous faisant la grimace; ou bien, quand vous marchez tranquillement sur le trottoir, de sentir tout à coup un singe qui vient s'établir sur votre épaule. Ces petits désagréments que procure la vie parisienne, me font regretter mon séjour à la campagne ;puis il me tarde de te revoir, mon bon Léon, pour te conter tous mes petits plaisirs et tous mes grands chagrins. En attendant, écris-moi bien vite.

Ton fidèle ami.

ERNEST.

8.

Une marraine à sa petite filleule, le jour de sa fête.

SOMMAIRE.

La marraine ne veut pas laisser passer la Sainte-Marguerite sans souhaiter la fête à sa filleule. Elle forme d'abord quelques-uns de ces souhaits qu'on peut faire pour une enfant de huit ans; puis, par une transition habilement amenée, elle passe aux petites marguerites des champs, et lui demande si elle n'en a pas quelquefois effeuillé pour savoir si sa marraine l'aime....; elle en profite pour lui dire que..... Elle termine en lui annonçant qu'elle lui envoie un petit cadeau pour sa fête.

DÉVELOPPEMENT.

Ma chère petite filleule,

Je ne veux pas laisser passer ta fête sans t'écrire et sans te souhaiter, non comme on dit vulgairement une *bonne fête*. mais de continuer à grandir en sagesse et en obéissance à tes bons parents, pour être toujours leur bien-aimée Marguerite, c'est-à-dire leur petite fleur; car tu sais qu'il y a de jolies fleurs qui ont le même nom que toi; tu en as peut-être même effeuillé quelquefois pour savoir si marraine t'aime; elles ont pu te dire: *un peu, pas du tout même;* mais alors elles n'ont pas dit vrai; car, sois-en bien sûre, je t'aime *beaucoup.*

Je t'envoie pour ta fête une grande poupée et un gros livre tout plein d'images: tu me diras, quand j'irai te voir, si tu trouves ces images belles.

Adieu, ma chérie; sois toujours bien sage pour rendre ta marraine et ta petite maman bien heureuses.

Ta marraine.

MARIE MAILLARD.

9.

A un ami qui a remporté le premier prix d'harmonie au Conservatoire.

SOMMAIRE.

Je ne veux pas, dit Théodore, à son ami Lucien, être le dernier à..... Ta persévérance et ton talent..... Quelle joie tu.....! Comme ton père a dû être heureux en entendant.....! Moi aussi, j'ai ressenti.....

Mais je ne veux pas t'arracher aux félicitations de..... et de....; j'ai voulu seulement..... Puisses-tu toujours réussir ainsi....!

DÉVELOPPEMENT.

Mon cher Lucien,

Le bruit de tes succès est venu jusqu'à moi, et je veux être un des premiers à te féliciter. Le plus cher de tes souhaits est enfin accompli ; ta persévérance et ton talent ont triomphé des obstacles ! Quelle joie tu as dû éprouver ! quel bonheur pour ton père, et comme il a dû se sentir fier de toi en entendant proclamer ton nom pour le premier prix ! Je comprends bien, mon cher Lucien, les émotions que tu as dû ressentir, je t'ai suivi par la pensée, puis je t'ai vu triomphant, et je me suis réjoui.

Je ne veux pas t'écrire plus longuement, mon cher Lucien, ce serait t'arracher aux caresses de ta mère, aux félicitations de tes amis ; j'ai voulu seulement te dire que, comme toujours, je partage ton bonheur et m'y associe. Puisses-tu réussir ainsi toujours dans la carrière que tu as choisie !

Une cordiale poignée de main.

THÉODORE.

10.

Zélie annonce à son amie Carolina qu'on vient de lui faire cadeau d'un bracelet.

SOMMAIRE.

Tu ne veux pas, ma chère Carolina, que j'aie un seul plaisir sans... ; aussi je m'empresse de..... Elle décrit longuement à son amie un bracelet qu'on vient de lui donner. Ce bracelet lui plaît d'autant plus qu'il est presque pareil à..... et que c'est..... qui le lui a donné.

DÉVELOPPEMENT.

Ma bonne Carolina,

Je sais que tu ne veux pas que j'aie un seul plaisir

sans que je t'en fasse part ; aussi je me hâte de t'annoncer qu'on ma fait cadeau ce matin du plus joli bracelet qu'on puisse voir ; c'est un vrai petit bijou de grâce et de gentillesse. Figure-toi un serpent aux replis gracieux, et, pour le terminer, les trois symboles de notre religion, la Foi, l'Espérance et la Charité : une croix, une ancre et un cœur. Le serpent est d'un travail exquis, et je ne m'étonne plus qu'un serpent ait pu tenter Ève..... Enfin, ma bonne Carolina, je suis enchantée, et tu le seras aussi quand je t'aurai montré mon charmant bracelet. Il me plaît d'autant plus qu'il est presque pareil au tien, et que c'est ma marraine, que j'aime tant, qui me l'a donné.

A bientôt, Carolina, car il me tarde de te faire voir mon cadeau.

Ton amie pour toujours.

ZÉLIE.

11.

Un soldat raconte à son père la mort de Duguesclin.

SOMMAIRE.

Fâcheuse nouvelle..... Duguesclin n'est plus..... Consternation de l'armée française..... Il est regretté même de..... Ses dernières paroles..... La capitulation conditionnelle à laquelle il avait forcé les Anglais de Castel-de-Randon a eu lieu ce matin même... ; le gouverneur est venu, etc. (*racontez ce que dit l'histoire à ce sujet*). Il termine en disant que le souvenir du brave Duguesclin restera à jamais gravé dans le cœur des Français.

DÉVELOPPEMENT.

Mon cher père,

J'ai une bien fâcheuse nouvelle à t'apprendre : notre

bon et vaillant Duguesclin n'est plus ! Je ne saurais te dire la pénible sensation que sa mort a causée ici ; nous sommes tous dans une véritable consternation. Il a quitté la vie avec une résignation toute chrétienne, regrettant seulement de n'avoir pu chasser tout à fait les Anglais du royaume, et priant ses amis d'exprimer au roi toute sa reconnaissance pour les bienfaits dont il l'a comblé. Il est regretté même des Anglais de Castel-de-Randon, qu'il avait obligés à une capitulation conditionnelle.

Le jour où les assiégés devaient livrer la place étant arrivé, le gouverneur n'a voulu la rendre qu'à Duguesclin. « C'est au connétable, a-t-il dit ce matin même, que j'ai donné ma parole ; c'est à lui que je veux la tenir. J'aurais eu honte d'ouvrir mes portes à tout autre qu'à lui : il est juste que, tout mort qu'il est, il reçoive ce que je lui dois. »

Et il est venu déposer sur le cercueil les clefs de la ville. Ainsi, le connétable toujours victorieux a eu, même après sa mort, l'honneur d'un triomphe.

Voilà, mon cher père, quelques détails sur la mort de ce brave capitaine dont le souvenir restera à jamais gravé dans le cœur des Français.

Ton fils respectueux et dévoué.

RENAUD.

12.

**Une jeune fille annonce à son amie qu'elle vient d'orga-
niser une petite loterie au profit d'une famille pauvre,
et lui demande son concours.**

SOMMAIRE.

Une pauvre femme qui demeure près de nous vient de perdre son
mari. — Enfants. — Misère. — Maman lui a donné (quoi ?).....
Elle a paru si contente..... J'ai songé à une petite loterie.....
Moi, je ferai (quoi ?)....; je joindrai à cet ouvrage (quoi ?).....
Camille doit m'apporter (quoi ?)..... Louise m'enverra (quoi ?)...
Caroline brode (quoi ?)..... et maman m'a promis de m'aider à
placer (quoi ?)..... Je suis sûre que tu t'empresseras... Je compte
sur toi pour jeudi prochain.

DÉVELOPPEMENT.

Tu es si bonne que je viens te faire part de mes pro-
jets pour une pauvre femme qui a plusieurs petits enfants, et dont le mari vient de mourir après une longue
maladie. Elle demeure tout près de nous ; maman lui a
déjà donné plusieurs de nos vieilles robes et du linge.
Elle a paru si contente de ces mauvais chiffons que je
suppose sa misère bien grande. J'ai demandé à maman
la permission de réunir mes petites amies ; tu voudras
bien, j'espère, être du nombre et travailler pour soulager cette pauvre femme. Nous ferons de petits ouvrages
que nous mettrons en loterie ; moi, je vais faire une
paire de pantoufles ; je joindrai à cet ouvrage un petit
cabaret doré auquel je tiens cependant beaucoup. Camille doit m'apporter un petit ménage ; Louise, une
belle boîte ; Caroline doit broder un joli col, et maman

m'a promis de m'aider à placer nos billets. Je suis sûre que tu te consacreras de bon cœur à cette œuvre de charité. Je compte sur toi pour jeudi prochain.

En attendant le plaisir de te voir, je t'embrasse de tout mon cœur.

Ton amie dévouée.

AMÉLIE.

13.

Le départ pour le pays natal. (Lettre d'adieu. Jules à Édouard.)

SOMMAIRE.

Nous retournons en Amérique, mon cher Edouard ; ainsi le veut mon père, et..... Mon cœur se serre à l'idée.....; je laisserai ici des souvenirs.....; mais je cache mes regrets, pour ne..... Nous partons dans..... ainsi, adieu.....! J'emporte ton souvenir.....; ta pensée.....; je me rappellerai toujours..... Quand je serai dans cet *autre monde,* une lettre de toi..... Adieu encore une fois, la distance qui va nous séparer, ne.....

DÉVELOPPEMENT.

Mon cher Edouard,

Les craintes que je te manifestais dans notre dernière entrevue se sont réalisées : nous retournons en Amérique, ainsi le veut mon père : je dois me conformer à sa volonté.

Mon cœur se serre à l'idée de quitter Paris pour bien longtemps peut-être ; je laisserai ici des souvenirs bien chers, des affections bien tendres; mais je cache mes regrets pour ne pas attrister mon bon père.

Nous partons dans huit jours, Edouard, et à toi, comme aux autres, il me faut dire adieu, ce mot si triste que je déteste; adieu donc, mon cher Edouard, j'emporte ton souvenir; partout où j'irai ta pensée me suivra, et je me rappellerai toujours avec bonheur les années que nous avons passées ensemble à la pension.

Ton amitié, Edouard, sera ma consolation; et, quand je serai dans cet *autre monde*, une lettre de toi me fera renaître.

Adieu, encore une fois; la distance qui va nous séparer, si grande qu'elle puisse être, ne portera aucune atteinte à mes sentiments, et je serai comme toujours et pour toujours,

Ton ami.

JULES.

14.

La fontaine de Saint-Allyre. (Charlotte à son amie.)

SOMMAIRE.

Charlotte dit à son amie qu'elle a été visiter la fontaine de Saint-Allyre. — Elle lui en fait la description et lui en rappelle les propriétés pétrifiantes. — Elle a mis dans l'eau de cette source un petit panier de fruits, et aussitôt (*dites ce qui est arrivé*)... Elle envoie à son amie son petit panier qu'elle accompagne de mille baisers.

DÉVELOPPEMENT.

Ma chère amie,

Nous sommes allées hier visiter la fontaine de Saint-Allyre. Tu as sans doute entendu parler de cette fontaine; je veux cependant te donner quelques détails. Les eaux de cette source tombent goutte à goutte dans un frais bassin de pierres éclatantes de blancheur. J'avais emporté une corbeille finement tressée que j'avais remplie des plus beaux fruits. Je ne l'eus pas plus tôt mise dans la fontaine, que je vis chaque fruit se recouvrir d'une enveloppe pierreuse; et, je te le dis en confidence, en voyant mon panier, mes cerises, si belles cinq minutes auparavant, tout cela se changer en pierres, je crus qu'il y avait dans les eaux de cette fontaine quelque chose d'extraordinaire; et, si nous eussions encore été au temps des fées, j'aurais cru qu'il y en avait une de cachée dans chaque gouttelette. Je t'envoie mon petit panier que j'accompagne de mille baisers.

CHARLOTTE DE CROÜY.

15

A une personne qui m'a conseillé de me venger d'une injure.

SOMMAIRE.

Je la remercie de l'intérêt qu'elle paraît me porter, mais..... Pour forcer quelqu'un à reconnaître ses torts, elle veut que..... il me semble que c'est là un mauvais moyen. Le conseil qu'elle me donne serait en désaccord avec ce précepte de notre religion : « Pardonnez-nous..... » Je lui fais voir qu'il vaut bien mieux...

Je la prie,, en conséquence, de ne pas m'en vouloir si, cette fois, je ne suis pas son conseil.

DÉVELOPPEMENT.

Monsieur,

Tout en vous remerciant de l'intérêt que vous paraissez me porter, je ne puis m'empêcher de blâmer le sentiment qui a dicté votre lettre. Quoi! pour forcer une personne à reconnaître ses torts envers moi, vous voulez que je lui fasse plus de mal qu'elle ne m'en a fait! pour lui prouver qu'elle a fait une faute, vous voulez que je me rende coupable d'une faute plus grande encore en agissant comme elle a fait! Il me semble que ce serait un mauvais moyen.

J'aime à croire, monsieur, que vous n'avez pas pesé vos paroles; vous êtes trop raisonnable, et surtout trop bon chrétien pour m'engager à violer le divin précepte qui nous dit de pardonner aux autres comme nous voudrions qu'on nous pardonnât à nous-mêmes. Je n'oserais plus prier Dieu d'oublier mes fautes, si je gardais le souvenir de celles des autres, et je n'oserais lui dire : « Traitez-moi comme je traite ceux qui m'offensent, » si je les punissais. Veuillez réfléchir là-dessus, monsieur, et voyez quelle supériorité je me donne en disant du bien de celui qui m'a calomnié : n'est-ce pas se mettre au-dessus de l'accusateur, que de ne lui répondre que par une conduite irréprochable et une indulgente bonté?

Pardonnez-moi donc de ne pas suivre cette fois vos

conseils ; vous regretteriez, j'en suis sûr, de me voir oublier l'un des principaux préceptes de notre religion, et vous seriez le premier à vous repentir d'avoir contribué à me faire entrer dans une si mauvaise voie.

Recevez, monsieur, mes salutations respectueuses.

16.

Blanche annonce à son amie Eléonore qu'on lui a donné un bel œuf de Pâques.

SOMMAIRE.

Ma chère amie, je m'étais éveillée de bonne heure le jour de Pâques, pour..... Mais j'avais à peine ouvert les yeux que je sentis (*quoi?*)..... Je crus d'abord que....; mais je reconnus bientôt que..... Juge de ma joie quand je vis que c'était un œuf de Pâques et qu'il contenait (*décrivez longuement le contenu*)... Elle dit à son amie l'obligation que lui impose le cadeau qu'elle a reçu.

DÉVELOPPEMENT.

Ma chère Éléonore,

Tu ne saurais t'imaginer la surprise que m'a faite ma bonne mère à l'occasion de la fête de Pâques. Je m'étais éveillée de bonne heure, afin d'assister aux offices et de m'acquitter de mon mieux des devoirs religieux que nous impose ce grand jour. Mais à peine avais-je ouvert les yeux que je sentis près de moi un objet que je pris d'abord pour un œuf rouge, car il en avait la forme et la couleur ; mais lorsque je le touchai, je reconnus que ce n'était pas un œuf ordinaire : il était beaucoup trop lourd et formé de deux parties que je séparai bientôt. Juge de ma joie, quand je vis qu'il contenait tous les instruments nécessaires pour le travail à l'aiguille : des ciseaux, un poinçon, un dé, un crochet, un étui, le tout en acier poli avec des ciselures dorées ; il faut voir tout cela pour en comprendre l'élégance et le fini. Tu comprends, ma chère Eléonore, l'obligation que m'impose ce cadeau : il n'est pas permis d'être paresseuse quand on a de si jolies choses !

Je t'embrasse de tout mon cœur.

BLANCHE.

17.

Charles annonce à son cousin Hippolyte la mort de sa tourterelle.

SOMMAIRE.

Charles a une fâcheuse nouvelle à apprendre à son cousin Hippolyte..... Il lui raconte longuement les diverses circonstances de la mort de sa tourterelle..... Il rappelle les qualités de son oiseau..... Il ajoute que son chagrin est d'autant plus grand que...

Il dit à son cousin de donner une larme à sa tourterelle, et de le croire son ami pour la vie.

DÉVELOPPEMENT.

Mon cher Hippolyte,

Je suis encore tout ému en t'écrivant, et tu vas comprendre et partager mon chagrin, car j'ai une mauvaise nouvelle à t'apprendre ; la jolie tourterelle que tu m'avais donnée est morte.

Depuis quelques jours, elle avait perdu sa gaîté, elle penchait tristement sa jolie tête, et l'accent connu de ma voix pouvait seul la ranimer un peu. Ce matin, elle était venue, selon son habitude, se poser sur mon épaule, et je la caressais, quand tout à coup elle s'est mise à trembler. Je l'ai prise tout effrayé entre mes mains ; mais, hélas ! ses yeux languissants se sont fermés, ses petits membres se sont raidis ; et, lorsque mon bon père est entré dans ma chambre, il m'a trouvé tout en larmes et ma tourterelle morte sur mes genoux.

Pauvre tourterelle ! elle ne voltigera plus joyeuse autour de nous quand tu viendras me voir, elle ne me rappellera plus ton amitié absente !

J'ai encore le cœur bien gros, mon cher Hippolyte ; aussi, je ne t'écris pas plus longuement. Donne quelques larmes à ma tourterelle, et crois-moi pour la vie

Ton ami sincère.

CHARLES.

18.

Lettre d'une jeune fille que sa mère, obligée de faire un voyage, a envoyée à la campagne, chez sa tante.

SOMMAIRE.

Regrets de Louise d'être séparée de sa mère. — Ma marraine, dit-elle, est pour moi d'une bonté sans égale...; mais ce n'est pas toi (*développez*)..... Sa maison de campagne est superbe; son jardin, etc....; mais tout cela me paraît triste (*pourquoi?*)....

DÉVELOPPEMENT.

Ma bonne mère,

Je t'ai quittée, tu l'as voulu : je ne dois pas me plaindre ; mais tu me permettras d'exprimer le regret que me cause notre séparation. Ma marraine est pour moi d'une bonté sans égale ; elle prévient tous mes désirs; elle me gâte même un peu ; mais, enfin, ce n'est pas toi. Je ne suis pas habituée à lui dire toutes mes pensées, tous mes petits secrets; je craindrais même de l'ennuyer en lui parlant continuellement de moi; mais toi, ma bonne mère, rien ne te fatigue quand il s'agit de ta Louise; aussi, je ne saurais te dire combien je t'aime.

A propos, il paraît que ma tante est bien riche. Sa maison de campagne est superbe; elle a un jardin très-vaste, ce qui me réjouit beaucoup. Si tu étais ici, je trouverais le séjour de cette campagne on ne peut plus agréable; mais tu n'y es pas, et je pleure tout en me promenant au milieu des fleurs et sous les beaux arbres. Ma tante me gronde quand elle me voit les yeux rouges; je suis sûre que tu me gronderas aussi, mais il faut bien te dire la vérité.

Adieu, ma bonne mère; je serai toujours ta fille soumise; dis-moi que je serai toujours aussi ta fille chérie.

LOUISE.

19.

Une mère à sa fille.

Réponse à la lettre précédente.

SOMMAIRE.

Il est bien de se plaire dans la société de sa mère...., mais il est des circonstances..... Le voyage que je vais faire....; les affaires dont j'aurai à m'occuper....; il ne serait, par conséquent, pas raisonnable de..... D'ailleurs, tu es avec une marraine qui...., je t'engage donc à lui montrer une figure riante..... Et puis, toutes tes larmes ne sauraient hâter.....

DÉVELOPPEMENT.

Ma chère Louise,

Il est bien de se plaire dans la société de sa mère

c'est, en effet, la meilleure pour une jeune fille ; mais il faut savoir céder de bonne grâce aux circonstances impérieuses. Le voyage que je vais faire sera long et fatigant ; j'aurai à m'occuper d'affaires qui seraient pour toi un objet continuel d'ennui ; il ne serait donc pas raisonnable de t'emmener avec moi. D'ailleurs tu ne peux être mieux qu'auprès de ta bonne marraine ; elle t'aime presque autant que moi et te gâte un peu plus : voilà, j'espère, de quoi te consoler. Montre-lui donc un visage riant ; et puis, toutes tes larmes n'avanceraient pas d'une heure notre réunion.

Adieu, ma bonne Louise ; aime toujours bien ta mère.

20.

Le chasseur maladroit.

Charles à Henri.

SOMMAIRE.

Charles apprend à Henri que son cousin Jules a voulu, un jour que son père était absent, aller à la chasse ; et que, maladroit chasseur, il a failli tuer..... sa chienne.

DÉVELOPPEMENT.

Mon cher Henri,

J'ai une triste histoire à te raconter.

Tu sais combien mon cousin Jules est vif, turbulent et léger. Il y a quelques jours, son père s'absenta pour affaires. Avant de partir, il fit mille recommandations à son fils. Jules promit tout ce qu'on voulut ; mais, une heure après, il n'y pensait plus.

Le soir, il lui prit envie de chasser ; malgré les représentations des domestiques, il s'arme donc d'un fusil, appelle sa chienne, la belle Diane, et s'enfonce dans les bosquets qui avoisinent sa maison.

A peine était-il entré dans une allée, qu'on entendit un coup de fusil suivi d'un grand cri... Tout le monde accourt, et l'on trouve le pauvre Jules à genoux, soutenant la tête de Diane qui était blessée et qui perdait beaucoup de sang.

Jules était inconsolable, il ne pouvait se pardonner le mal qu'il avait fait à sa pauvre chienne. Son chagrin sera de longue durée, car elle a reçu une partie du coup dans les yeux, et je crains bien qu'elle ne perde la vue.

Voilà, mon cher ami, ce qui est arrivé à Jules pour n'avoir pas tenu compte des recommandations de son père. Je t'engage à adresser à notre infortuné chasseur quelques mots de consolation.

Ton ami.

CHARLES.

21.

Anna à Léontine.

Excuses. — Envoi d'une ceinture.

SOMMAIRE.

Il y a longtemps qu'Anna se propose d'écrire à Léontine, mais (*elle énumère longuement les empêchements qui lui sont survenus*)..... Elle espère que sa cousine sera assez bonne pour..... Elle lui envoie pour sa fête..... Elle regrette que sa bourse..... Elle termine par quelques mots aimables.

DÉVELOPPEMENT.

Ma chère cousine,

Il y a plus d'un mois que je me propose de t'écrire; mais, jusqu'à présent, il m'est toujours survenu quelque empêchement. Tantôt, c'étaient de longs devoirs qui absorbaient toute ma journée; tantôt, c'étaient des visites à faire avec maman; enfin, j'ai eu pendant une semaine entière un mal de tête si violent, qu'il m'eût été impossible d'écrire. J'espère, ma bonne cousine, que tu agréeras mes excuses, et que tu me répondras pour me prouver que tu n'es pas fâchée contre moi.

Je t'envoie pour ta fête une ceinture de velours que je te prie d'accepter comme un gage de mon amitié. Si j'avais été riche, je t'aurais offert quelque objet plus précieux, mais tu sais que ma bourse est rarement bien garnie.

Il faut, ma chère Léontine, que je te quitte pour prendre ma leçon de piano; je t'assure que c'est avec regret que je me vois forcée de te dire si vite adieu.

Ton amie.

ANNA.

22.

Léontine à Anna. (Réponse à la lettre précédente.)

SOMMAIRE.

Léontine gronde amicalement Anna....; elle n'agrée pas les excuses que lui donne sa cousine (*elle lui dit pourquoi*)..... C'est bien mal d'oublier ainsi..... Elle se fâchera sérieusement si..... Après avoir bien grondé sa cousine, elle la remercie de la ceinture..... Elle la trouve..... Aussi, elle ne la mettra que les jours....; et, chaque fois qu'elle la prendra, elle.....

DÉVELOPPEMENT.

Mademoiselle Anna,

Vous êtes une trompeuse, une vraie trompeuse, entendez-vous? quand vous dites que vous n'avez pu m'écrire plus tôt, car je sais qu'Augustine a reçu de vous deux lettres très-amicales et passablement longues.

Le temps ne vous a pas manqué pour elle! c'est bien mal de m'oublier et de me faire ensuite des contes pour votre justification. Anna, si vous continuez ainsi, je vous jure que nous ne serons plus amies.

Cependant, ma bonne cousine, ne crois pas que j'aie reçu ta lettre sans plaisir; au contraire, j'ai sauté de joie en voyant le timbre de Paris sur l'adresse; et je l'ai lue au moins vingt fois depuis que je l'ai décachetée.

Après t'avoir bien grondée, il faut que je te fasse mes remerciements. Tu es vraiment trop généreuse, Anna; il ne fallait pas dépenser tant d'argent pour moi. Une ceinture de velours! jamais je n'en ai porté d'aussi belle. Je te promets bien de ne la mettre que les dimanches, afin de la conserver plus longtemps; et, chaque fois que je la prendrai, je dirai à mes compagnes : C'est un présent de ma cousine, de celle que vous trouvez si aimable.

Adieu, mademoiselle la trompeuse; adieu, ma chère cousine; compte sur mon amitié.

LÉONTINE.

23.

Un maître de pension à un père dont le fils malade n'a pu assister à la distribution des prix.

SOMMAIRE.

La distribution des prix a eu lieu aujourd'hui même dans son établissement..... Il a vivement regretté que..... Il comprend le chagrin qu'a dû éprouver un de ses meilleurs élèves de ne pouvoir.....; aussi s'empresse-t-il de lui envoyer les récompenses que..... Il dit au père que le nom de son fils a été accueilli chaque fois par..... Il termine en le priant d'agréer, etc.....

DÉVELOPPEMENT.

Monsieur,

La distribution des prix a eu lieu aujourd'hui dans mon établissement, comme je vous en avais prévenu; la joie que j'ai éprouvée en voyant tous mes élèves réunis pour recevoir les récompenses accordées à leurs travaux et à leurs efforts, a été diminuée par la pensée qu'un des plus intelligents et des plus studieux d'entre eux manquait à cette journée de bonheur si vivement attendue par tous les enfants.

Dites bien à votre fils, monsieur, que j'ai vivement regretté que la maladie, heureusement peu dangereuse, qui lui est survenue tout à coup l'ait empêché de venir avec ses camarades recevoir les prix qu'il a si bien mérités. Je comprends le chagrin qu'a dû avoir ce cher enfant, et j'ai voulu, autant que cela m'est possible, le rendre plus facile à supporter en lui envoyant dès aujourd'hui les couronnes et les prix qu'il a remportés. Dites-lui que son nom a été prononcé au milieu des acclamations de joie de ses camarades, qui tous ont pensé à lui, et m'ont prié de lui faire part de leur regrets.

Veuillez, monsieur, agréer l'expression de mon dévouement.

24.

Eudoxie décrit à Céline une petite chambre comme elle en voudrait une.

SOMMAIRE.

Ma petite chambre serait bien simple, elle donnerait sur (*quoi?*)... Le papier serait (*de quelle couleur?*)..... Mon petit lit serait orné (*de quoi?*)..... Au fond de mon lit, je placerais (*quoi?*)..... Mes meubles seraient..... Quant à mon prie-Dieu, il serait..... J'aurais une bibliothèque composée (*de quelle espèce de livres?*)..... Les portraits de... de... et de... Enfin, je voudrais des fleurs : l'été....; l'hiver..... Voilà.....

DÉVELOPPEMENT.

Ma chère Céline,

Tu me demandes la description d'une petite chambre comme j'en voudrais une, la voici.

Je voudrais que ma petite chambre fût bien simple; elle donnerait sur un jardin, dans lequel il y aurait d'assez grands arbres pour que les petits oiseaux s'y donnassent rendez-vous pour leurs joyeux ébats, et que leur gentil babil me servît de réveille-matin. Le papier de ma chambre serait d'un bleu un peu clair; il me rappellerait ce beau ciel que je regarde avec tant de plaisir. Mon petit lit serait orné d'un couvre-pieds blanc fait par moi, et de rideaux de mousseline que j'aurais brodés. Au fond de mon lit, je placerais l'image de la sainte Vierge, et tout auprès un bénitier. J'aurais un prie-Dieu d'un bois un peu plus sévère que les autres meubles, mais garni aussi en bleu. J'aurais une petite bibliothèque; j'y rangerais les livres que j'aurais gagnés à la *distribution des prix*, et quelques autres encore. Je voudrais avoir le portrait de ma mère chérie, celui de mon bon père, et le mien entre les deux. Enfin, j'aurais toujours des fleurs dans ma chambre : l'été j'en mettrais de naturelles; l'hiver, une petite jardinière pleine de fleurs artificielles serait placée entre mes deux croisées, et réjouirait ma vue. Voilà la petite chambre que j'ai souvent rêvée; malheureusement elle fait toujours partie de mes châteaux..... en Espagne.

Écris-moi le plus tôt possible, et dis-moi si ma petite chambre est de ton goût.

Ton amie.

ÉUDOXIE.

25.

Un père relève le courage de son fils.

SOMMAIRE.

Il demande à son fils s'il aurait déjà oublié les promesses què.....
Il lui fait voir que le travail est une nécessité....; que le paresseux..... Il lui recommande, quand il sent son courage faillir,
d'élever sa pensée vers le Ciel..... de penser à son père, à ses
frères..... Il espère recevoir bientôt de son fils une lettre plus
rassurante.

DÉVELOPPEMENT.

Mon cher fils,

Le découragement que tu dis éprouver m'étonne et
m'afflige : aurais-tu déjà oublié les promesses que tu
m'as faites la dernière fois que je t'ai vu? Tu me demandes des conseils; tu voudrais, dis-tu, retrouver ton
ardeur de l'année dernière. Eh bien ! aie la ferme volonté de bien faire, regarde le but auquel tu tends, et
fais tous tes efforts pour y atteindre. Rappelle-toi d'ailleurs que le travail est nécessaire à toute créature, qu'il
ennoblit, et que tu ne voudrais pas porter le stigmate
infamant du paresseux. Dans tes moments de découragement, élève ta pensée vers le Ciel, mon cher fils, et tu
sentiras renaître en toi le courage avec l'espérance. En-

fin, pense à ton père, à tes frères dont tu es séparé et qu'il ne tient qu'à toi de venir rejoindre.

Adieu, mon cher fils, je t'embrasse comme un père embrasse son fils, et j'espère recevoir bientôt de toi une lettre qui m'apprendra que ton courage est revenu.

Ton meilleur ami.

26.

A une amie qui m'a envoyé son portrait.

SOMMAIRE.

Bonheur de Céline en recevant le portrait de son amie Angèle.... — Ce cher médaillon, elle l'a mis (*dites où*)... Elle n'est plus seule depuis que (*achevez*).... La douce figure de son Angèle lui semble tantôt triste, tantôt...., selon.... Le soir, continue Céline, tu reposes (*dites où*).... et jamais ma prière.... sans.... Le matin, tu reçois mon second baiser, car le premier.... Je te remercie de la bonne idée que (*achevez*).... et te répète encore une fois : je t'aime.

DÉVELOPPEMENT.

Ma bonne Angèle,

Il m'est impossible de te dire combien j'ai été heureuse en recevant ton dernier envoi, mais tu le comprendras mieux sans doute que je ne pourrais te l'exprimer. Ce cher médaillon, je l'ai mis sur mon cœur, il ne me quittera plus ! Je ne suis plus seule, Angèle, depuis que j'ai ton portrait ; je te confie toutes mes impressions ; mes pensées sont-elles gaies : ta gracieuse figure me semble radieuse ; sont-elles tristes : on dirait que ton front se voile d'un nuage mélancolique… est-ce une illusion de l'amitié ?… Le soir, tu reposes près du chevet de mon lit, tu me vois faire ma prière, cette prière du cœur à laquelle je t'associe toujours, et tes lèvres entr'ouvertes semblent murmurer en même temps que moi les saintes paroles.

Le matin, tu reçois mon second baiser, car le premier est pour ma mère ; il me semble que tu me le rends, tant est douce et consolante pour moi cette pensée que tu es maintenant associée à toutes mes actions !

Tu as bien compris, en t'éloignant de moi, ma bonne Angèle, de quelle consolation me serait ton portrait ; je te remercie de cette bonne idée ; je t'embrasse et te répète encore une fois : je t'aime.

Ton amie.

CÉLINE.

27.

A un ami qui va faire un voyage lointain.

SOMMAIRE.

Lucien apprend avec peine le prochain départ de son ami....; il ne sait comment il fera pour supporter une si longue absence.... Il ne peut s'empêcher d'ailleurs de penser aux fatigues....; mais il ne cessera de prier Dieu..... Il lui recommande de ne pas manquer de lui écrire dès qu'il sera arrivé.

DÉVELOPPEMENT.

Mon cher ami,

C'est avec un bien grand chagrin que j'apprends que tu es forcé de faire un si lointain voyage. Je ne sais comment je ferai pour supporter si longtemps ton absence, habitué que je suis à te voir presque toutes les semaines et à trouver en toi mon meilleur ami. J'éprouve un bien douloureux serrement de cœur en pensant aux fatigues que te causera une si longue traversée; mais Dieu veillera sur toi, car je ne cesserai de le prier pour qu'il te protége et que tu reviennes au plus tôt. Surtout ne néglige pas de me donner de tes nouvelles dès que tu seras arrivé.

En attendant, sois assuré, mon cher Louis, que tu occuperas toujours la première place dans mon cœur.

Ton ami pour la vie,

LUCIEN.

28.

Alberte dit à Louise comment elle emploie sa journée à la campagne, pendant les vacances.

SOMMAIRE.

Alberte dit à son amie qu'elle se lève (*à quelle heure ?*).... ; elle cueille un bouquet de fleurs pour (*dites pour qui ?*).... ; elle donne à manger à..... ; puis elle va souhaiter le bonjour à..... A neuf heures, elle déjeune (*de quoi ?*)..... puis elle travaille (*à quoi ?*)....; ensuite elle joue (*à quoi ?*)....; quelquefois le piano... Après le dîner : promenade,—papillons, — jolis cailloux,—chèvres et petits moutons. Elle invite son amie à venir passer, etc...

DÉVELOPPEMENT.

Ma chère Louise,

Je suis depuis huit jours à la campagne, chez ma marraine; voici comment je passe ici mon temps.

Je me lève de bonne heure, je cueille un bouquet de fleurs pour ma marraine, je donne à manger aux lapins, et je souhaite le bonjour au vieux jardinier qui remplit mon petit panier d'excellents fruits. A neuf heures, je prends une tasse de lait chaud, puis j'étudie, je festonne ou je brode pendant deux heures; ensuite je m'occupe de ma poupée; quelquefois je fais de la musique avec ma marraine qui a la bonté de m'apprendre quelques airs. Après le dîner, nous faisons une promenade jusqu'au soir. Je pense souvent à toi pendant ces promenades : que de jolis cailloux, que de beaux papillons et de plantes curieuses tu trouverais à chaque pas! Moi, je ne songe pas à ces choses-là ; mais j'ai bien du plaisir à voir les petits agneaux et les chèvres bondir sur le gazon.

Si tu pouvais venir, avec ta bonne mère, passer quelques jours ici, tu nous ferais bien plaisir à ma marraine et à moi.

J'attends ta réponse ; maman te donnera mon adresse en te remettant cette lettre.

Je t'embrasse de cœur.

ALBERTE,

———

29.

Réponse de Louise à Alberte.

SOMMAIRE.

Louise envie le bonheur d'Alberte (*développez*).... Tu m'invites, il est vrai, dit-elle à son amie, à aller passer....; mais (*elle lui fait connaître la raison qui l'empêche de s'absenter*).... Je te prie de mettre en réserve pour ma collection quelques-uns de ces beaux cailloux....; moi je te réserve (*dites quoi?*).....

DÉVELOPPEMENT.

Ma chère Alberte,

Je te remercie bien de m'avoir conté tant de jolies

choses. Que tu dois être heureuse à la campagne! Des lapins, du lait chaud, des papillons, de la musique : oh! que cela est beau et bon! Je voudrais bien être à ta place!

Tu m'invites, il est vrai, à aller passer quelques jours avec toi, mais cela est impossible : la santé toujours mauvaise de ma petite mère ne me permet pas de m'absenter; je ne te remercie pas moins de ton aimable invitation.

Je te prie bien, ma chère Alberte, de mettre en réserve pour ma collection quelques-uns de ces petits cailloux dont tu me parles; tu me rendras un service d'amie; moi je te garde une coquille de mer que mon oncle m'a donnée : on la trouve fort belle.

Adieu, mon Alberte; je t'embrasse de tout mon cœur.

LOUISE.

30.

Lettre d'un père exilé à sa fille âgée de huit ans.

SOMMAIRE.

Il faut absolument que je t'écrive, puisque..... Peut-être ne sauras-tu pas me lire....; mais faut-il que je ne te connaisse point encore...., que...; que....! Aime ton papa comme si..... Je me suis fabriqué dans ma tête une petite figure.... Je te recommande

surtout d'être bien sage..... bien..... bien..... J'ai ouï dire qu'une
certaine demoiselle te gâtait un peu, mais...... Je ne veux pas
que tu te gênes pour répondre à ma lettre..... ta bonne maman.....
J'apprends avec plaisir que tu aimes la lecture..... (*développez*).
Je t'en voie un beau livre tout plein d'images, pour que.....
Adieu, ma chérie.

DÉVELOPPEMENT.

Mon enfant,

Il faut absolument que j'aie le plaisir de t'écrire, puisque Dieu ne veut pas encore me donner celui de te voir.
Peut-être ne sauras-tu pas me lire couramment, mais
tu ne manqueras pas de gens qui t'aideront à déchiffrer
l'écriture de ton vieux papa. Ma chère petite Constance,
comment donc est-il possible que je ne te connaisse
point encore, que tes jolis petits bras ne se soient point
jetés autour de mon cou, que les miens ne t'aient point
mise sur mes genoux pour t'embrasser à mon aise? Je
ne puis me consoler d'être si loin de toi; mais, mon
enfant, aime ton papa comme s'il était à côté de toi,
afin que tu sois tout accoutumée à m'aimer quand je
te verrai; pour moi, je pense continuellement à toi; et,
pour y penser avec plus de plaisir, j'ai fabriqué dans
ma tête une petite figure espiègle, qui me semble être
ma Constance. Elle a bien quelquefois certaines petites
fantaisies ; mais tout cela n'est rien, je sais bien qu'elles
ne durent pas. Ma chère petite amie, je te recommande

de tout mon cœur d'être bien sage, bien douce, bien obéis-
sante avec tout le monde, mais surtout avec ta bonne maman et ta tante, qui ont tant de bontés pour toi. Toutes les
fois qu'elles te font une caresse, il faut que tu leur en
rendes deux, une pour toi et une pour ton papa. J'ai
bien ouï dire par le monde qu'une certaine demoiselle te
gâtait un peu, mais ce sont des discours de mauvaises
langues. Je ne veux point que tu te gênes pour répondre à cette lettre, je sais que la bonne maman veut ménager ta petite taille, et elle a raison. Tu m'écriras
quand tu seras plus forte. En attendant, je suis bien
aise de savoir que tu aimes beaucoup la lecture, et que
tu sais ton *Télémaque* sur le bout du doigt. Je voudrais
bien parler avec toi de la grotte de Calypso et de la
nymphe Eucharis que j'aime bien, mais cependant pas
autant que toi. Je voudrais bien aussi te demander s
tu n'as point eu peur quand tu as vu Mentor jeter ce
pauvre Télémaque dans l'eau, la tête la première, pour
l'empêcher de perdre son temps. Ah! jamais ta tante
Nancy n'aurait fait un coup de cette sorte. Un bon oncle que tu ne connais pas encore, te portera bientôt de
ma part un livre qui t'amusera beaucoup; il est tout
plein de belles images, et dès qu'on t'aura expliqué
comment il faut se servir de ce livre, tu pourras t'amuser
toute seule. Je te le donne, et quand tu le feuilletteras,
tu ne manqueras jamais de penser à ton papa. Adieu,
ma chérie; adieu, ma Constance.

31.

Stéphanie écrit à Louise qu'elle a vu jouer Cendrillon, et qui l'a beaucoup amusée.

SOMMAIRE.

Stéphanie dit à Louise qu'elle a rapporté samedi dernier un bon bulletin de quinzaine; et que sa mère, pour la récompenser, l'a menée voir *Cendrillon*. Elle lui fait le résumé de la pièce, qui n'est autre chose que celui du conte même. Elle engage son amie à bien travailler aussi, pour que sa mère la mène voir *Cendrillon*.

DÉVELOPPEMENT.

Ma chère Louise,

Tu sais que j'ai eu, samedi dernier, un bon bulletin de quinzaine; maman, pour me récompenser, m'a menée voir *Cendrillon*. Tu peux te figurer quelle soirée délicieuse j'ai passée ! Tu te rappelles cette petite fille qui avait pour marraine une fée, et qui pleurait un soir parce que ses sœurs étaient allées au bal sans elle. Tu sais que tout à coup cette marraine, comme on n'en voit plus, arriva par la cheminée; et, d'un coup de baguette, fit de la robe sale de Cendrillon une robe brillante d'argent et de pierreries; puis, qu'elle fit un carrosse d'une citrouille, et des chevaux et des cochers avec de gros rats. Eh bien ! ma chère amie, le ballet

représente tout cela, la citrouille et les rats exceptés.
On voit en un clin d'œil le sombre vêtement de Cendrillon remplacé par une parure éblouissante. C'est
l'affaire d'un coup de baguette, absolument comme
dans le conte. L'équipage argenté en forme de conque
est traîné par des Amours enlacés dans des guirlandes
de fleurs. On voit aussi le prince dans un magnifique
pavillon ! c'est un véritable enchantement.

Adieu, ma Louise ; applique-toi bien et tâche d'avoir
aussi un bon bulletin, pour que ta mère te mène
voir Cendrillon.

Ta sincère amie,

STÉPHANIE.

32.

Eugène raconte à Victor qu'il a passé une nuit dans l'abbaye de Westminster.

SOMMAIRE.

Eugène raconte à Victor que, la semaine dernière, il voulut contempler, au jour tombé, l'intérieur de l'abbaye de Westminster...
S'oubliant dans l'admiration (*de quoi ?*) il ne s'aperçut pas qu'on
fermait les portes. — Ses vains efforts pour sortir..... — Choix
d'un gîte pour y passer la nuit..... — Souvenir de l'enterrement
volontaire de Charles-Quint..... — Réflexions diverses..... — Silence. — Le marteau de l'horloge seul..... — Au dehors, le cri
des gardiens de nuit....., le bruit des voitures..... Enfin, crépus-

...cute..... Arrivée de la petite sonneuse de cloches..... Il dit à son ami que, plus heureux que Charles-Quint, il a survécu à son enterrement, et qu'il se porte on ne peut mieux.

DÉVELOPPEMENT.

Mon cher ami,

Il faut que je te raconte ce qui m'arriva la semaine dernière. Comme je me trouvais à Londres, je voulus contempler au jour tombé l'intérieur de l'abbaye de Westminster. M'oubliant dans l'admiration de cette architecture pleine de fougue et de caprice, et dominé par des sentiments religieux, j'errais à pas lents et je m'amusai : on ferma les portes. J'essayai de trouver une issue, j'appelai, je heurtai ; mais tout ce bruit, épandu et délayé dans le silence, se perdit ; il fallut me résigner à coucher avec les morts.

Après avoir hésité sur le choix de mon gîte, je m'arrêtai près d'un mausolée splendide, au bas du jubé ; un sarcophage engagé dans le mur, vis-à-vis d'une Mort de marbre armée de sa faux, m'offrit un abri. Le pli d'un linceul, également de marbre, me servit de niche : à l'exemple de Charles-Quint, je m'habituais à mon enterrement.

Peu à peu, m'accoutumant à l'obscurité, j'entrevis les figures placées aux tombeaux. Je contemplais les magnificences du Saint-Denis d'Angleterre ; l'édifice entier me semblait un temple de siècles pétrifiés.

J'avais compté dix heures, onze heures à l'horloge ;

le marteau qui se soulevait et retombait sur l'airain, était le seul être vivant avec moi dans ces régions. Au dehors, une voiture roulante, le cri des gardiens de nuit, voilà tout; ces bruits lointains de la terre me parvenaient d'un monde dans un autre monde.

Enfin, un crépuscule s'épanouit dans un coin de la basilique ; une jeune fille, à peine adolescente, parut portant une umière abritée dans une feuille de papier contournée en coquille : c'était la petite sonneuse de cloches. Elle fut tout épouvantée en me voyant; je lui contai mon aventure, et je sortis avec elle par la porte du cloître.

Je t'annonce avec plaisir, mon cher Victor, que, plus heureux que Charles-Quint, dont je te parlais tout à l'heure, j'ai survécu à mon enterrement, et que je me porte on ne peut mieux. J'attends impatiemment de tes nouvelles.

Je te serre la main.

EUGÈNE.

33.

A une amie convalescente. (Marthe à Marie.)

SOMMAIRE.

Marthe dit la joie qu'elle a ressentie en recevant une lettre écrite de la main de.....Sa chère Marie est donc enfin en convalescence!... Dieu a exaucé..... Combien elle a regretté de ne pas être auprès de...., pour..... (*développez*). Le printemps..... Elle lui recommande d'être bien prudente... de ne pas..... Elle la prie de lui donner souvent de ses nouvelles.

DÉVELOPPEMENT.

Ma bien-aimée Marie,

Les quelques lignes que ta main encore mal assurée a tracées au bas de la lettre de ta sœur, ont suffi pour me rendre la joie. Tu as pu faire, me dis-tu, le tour de ta chambre sans appui, et tu es restée levée toute une demi-journée sans ressentir de fatigue : quelle bonne nouvelle pour moi qui ai tant souffert pendant la cruelle maladie que tu viens de faire ! Enfin Dieu nous a prises en pitié et il t'a conservée à tes nombreuses amies.

Que de larmes j'ai versées pendant les longues nuits où je te savais en proie à la souffrance ! Ma place est près d'elle, me disais-je, et je suis clouée ici ; je ne puis veiller auprès d'elle, la consoler, lui prodiguer mes soins et mes caresses... Mais, chassons ces tristes souvenirs ; tu nous es rendue, nous n'en demandions pas davantage. Je te vois d'ici assise dans un large fauteuil, respirant avec bonheur l'air du printemps et le premier parfum des violettes qui entre par ta fenêtre ouverte sur ton grand jardin. Surtout, Marie, pas d'imprudence ; au nom de notre amitié, veille bien sur toi et donne-moi souvent de tes nouvelles. Tu me dis que tu m'aimes ; tu fais bien, car tu n'as pas, je t'assure, d'amie plus sincère et plus dévouée que moi.

MARTHE.

34.

Promenade dans les champs près de la mer. (Léon à son cousin Léopold.)

SOMMAIRE.

Léon a passé hier une délicieuse journée..... Il est parti le matin
de bonne heure pour faire une promenade..... Effets de la rosée..... Aspect de la mer à travers un rideau de haies vertes *(décrivez)*..... Oiseaux : bergeronnette, fauvette, etc.....— Grande
prairie tout émaillée de fleurs.....Champs où paissaient de grands
bœufs.... Il s'est arrêté dans un petit village pour y faire un
léger repas..... A la nuit, il s'est remis en marche..... Soleil
couchant.....Quand il est rentré à Honfleur, la nuit était très-
avancée ; il a dormi quelques instants, et il écrit à son ami.

DÉVELOPPEMENT.

Mon cher Léopold,

J'ai passé hier une journée délicieuse. Je suis parti le
matin de bonne heure, j'ai pris tout le long de la falaise ;
chaque brin d'herbe avait sur sa pointe des perles trans-
parentes de rosée : les unes blanches, les autres rouges
comme des rubis, d'autres vertes comme des émerau-
des. C'est une riche parure qui tombe tous les matins
du ciel, qui la prête à la terre pour une heure et que le
soleil remporte au ciel sur ses premiers rayons. Il y avait

de loin en loin, sur le bord de la mer, des buissons d'a-
joncs chargés de belles fleurs jaunes. Quand on regarde
la mer par-dessus cette petite haie verte et jaune, elle
paraît du bleu le plus pur. Des bergeronnettes mar-
chaient dans l'herbe, secouant fièrement leur petite tête
grise. Sur la plus haute branche d'une haie d'aubépine,
une fauvette jetait au vent quelques notes d'une joyeuse
mélancolie ; les plumes qui forment son petit chaperon
noir se dressaient sur sa tête, et on voyait sa voix rouler
dans son gosier frémissant. Je me suis arrêté pour ne
pas l'effaroucher avant qu'elle eût fini sa chanson. Je suis
entré ensuite dans une grande prairie ; l'herbe était
haute presque jusqu'à la ceinture ; c'était comme un im-
mense châle d'Orient à fond vert, brodé de fleurs de
toutes couleurs : c'était un beau cachemire vivant. Il y
avait de grandes marguerites blanches et des boutons
d'or, et du sainfoin aux épis roses, et des scabieuses sau-
vages d'un lilas pâle qui sentent le miel.

Je me suis arrêté dans un petit village, et j'y ai fait
un repas avec du pain de seigle, des maquereaux frais
et du gros cidre. Il était quatre heures, et j'avais mis dix
heures à faire quatre lieues, tant j'avais joui des magnificences de la nature. Combien de demi-heures j'avais
passées, assis ou couché dans l'herbe, à ruminer ma vie
et mes souvenirs, comme les gros bœufs tachetés rumi-
naient la luzerne fleurie.

A la nuit, je me remis en marche ; et, par-dessus les
buissons et par-dessous les arbres, à travers des fenêtres de verdure, je voyais la mer toute bleue et l'hori-
zon empourpré par le soleil couchant. Quand je suis

rentré à Honfleur, la nuit était très-avancée; j'ai dormi quelques heures et je t'écris.

Ton cousin,

LÉON.

35.

A une amie de pension pour l'engager à venir au secours d'une ancienne compagne, devenue orpheline.

SOMMAIRE.

Te rappelles-tu, dit Rose à Mathilde, Blanche D***, cette charmante petite fille (*portrait*)..... Eh bien ! elle vient de perdre subitement sa mère....; sa douleur..... Elle est maintenant orpheline..... Je te propose de venir à son secours....; nous payerons sa pension, que sa maîtresse consent d'ailleurs à diminuer de moitié; nous lui ferons apprendre un état; et nous aurons ainsi la satisfaction..... J'attends avec impatience ta réponse.

DÉVELOPPEMENT.

Ma chère Mathilde,

Tu te rappelles sans doute Blanche D***, cette petite fille si douce et si caressante, que nous avions prise en affection et que nous aimions de notre amitié de *grandes*? Oh ! oui, je suis sûre que ce seul nom de Blanche a remis devant tes yeux cette figure intelligente, ces grands yeux noirs pleins d'expression, et surtout ce charmant caractère, cette franchise que nous aimions tant.

Maintenant, ma bonne Mathilde, tu te demandes sans doute où je veux en venir, et je m'empresse de répondre à ta pensée : je veux t'associer à une bonne action.

Marie, tu t'en souviens peut-être, n'avait pour toute famille que sa mère, que la mort, hélas! vient de lui enlever subitement. Tu comprends l'affreuse position de Marie qui, tout entière à sa douleur, ne mesure pas encore l'étendue de la perte qu'elle a faite; la pauvre enfant est sans ressource. On dit que la Providence de Dieu veille sur les orphelins, et je viens te proposer d'être avec moi la Providence de Blanche; nous payerons sa pension, que sa maîtresse consent d'ailleurs à diminuer de moitié; et, lorsqu'elle aura terminé ses études, nous lui ferons apprendre un état; notre petite protégée pourra alors gagner honnêtement sa vie; et nous, nous aurons la douce satisfaction d'avoir fait une bonne action.

Réfléchis et consulte ton bon cœur; j'attends ta réponse avec impatience.

Ton amie,

Rose.

36.

Lettre d'un père à son fils qui regarde la prière comme inutile.

SOMMAIRE.

Le père dit à son fils le sentiment qu'il a éprouvé en apprenant... Quand tu as prié, continue-t-il, ne sens-tu pas?..... Dans l'affliction, la prière.....; dans la joie, elle......N'as-tu donc rien à demander à..... Dieu, dis-tu, est trop au-dessus de moi pour qu'il daigne m'écouter; d'ailleurs ne sait-il pas mieux que moi ce dont j'ai besoin? — Cette manière de penser est bien coupable, mon enfant — (*le père fait voir à son fils que son raisonnement est faux*)....; il espère que......

DÉVELOPPEMENT.

Mon cher enfant,

J'apprends une nouvelle qui m'afflige profondément; comment! tu regardes la prière comme inutile! Mais, quand tu as prié, ne sens-tu donc point ton cœur plus léger et ton âme plus contente? La prière, mon cher enfant, rend l'affliction moins douloureuse et la joie plus pure; elle mêle à l'une je ne sais quoi de fortifiant et de doux, et à l'autre un parfum céleste. Que fais-tu sur la terre, et n'as-tu rien à demander à celui qui t'y a mis? Quand tu regardes le ciel, ta patrie, est-ce qu'il ne se remue rien en toi? est-ce que nul désir ne te presse? ou, ce désir est-il muet? Tu oses dire : « A quoi bon prier? Dieu est trop au-dessus de moi pour écouter une si chétive créature. » — Et qui donc a fait cette créature si chétive? qui lui a donné le sentiment et la pensée, et la parole, si ce n'est Dieu? Et s'il a été si bon envers toi, était-ce pour te délaisser ensuite et te repousser loin de lui? En vérité, mon cher fils, dire que Dieu méprise ses œuvres, c'est blasphémer. Tu dis aussi : « A quoi bon prier Dieu? Ne sait-il pas mieux que moi ce dont j'ai besoin? »—Oui, Dieu sait mieux que toi ce dont tu as besoin, et c'est pour cela qu'il veut que tu le lui demandes. Un père connaît les besoins de son fils; faut-il à cause de cela que ce fils n'ait jamais une parole de demande et d'actions de grâces pour son père? D'ailleurs, mon cher enfant, il y a toujours des vents brûlants qui passent sur l'âme de l'homme et la dessèchent: la prière est la rosée qui la rafraîchit. Reviens, mon cher Arthur, reviens, je t'en conjure, à de meilleurs sentiments, et écris-moi le plus tôt possible.

Ton père et ami.

37,

Noémi fait à Cécile la description de son petit jardin.

SOMMAIRE.

Son jardin est si petit que..... Elle dit à son amie de quelles plantes odorantes est formée la haie qui l'entoure..... Un saule.....

C'est elle-même qui soigne les fleurs....; aussi.... Elle va, chaque jour, rêver..... La beauté de ses fleurs, leur doux parfum
élèvent son âme jusqu'à....; et alors.... Elle engage son amie à
venir voir son petit jardin; il est maintenant, dit-elle, dans tout
l'éclat de sa beauté.

DÉVELOPPEMENT.

Ma chère Cécile,

Mon jardin, dont tu veux que je te fasse la description, est si petit que ma sœur, qui essaye à peine ses
premiers pas, le parcourt de l'un à l'autre bout sans se
fatiguer. Un haie d'aubépine l'entoure, et des volubilis
aux clochettes blanches, roses et bleues, forment un
rideau odorant à cette haie qui se trouve ainsi revêtue
d'une charmante verdure. Un saule au feuillage argenté
le protége de son ombre, car mes fleurs sont si frêles
encore que le soleil d'été les flétrirait. Mon jardin n'est
qu'une faible portion de celui de ma mère, dans lequel
il est enfermé, comme un nid de fauvette dans un rosier. Tout petit qu'il est, je l'aime et je m'en contente.
C'est moi d'ailleurs qui ai planté tous les arbustes qu'on
y voit, et quoique mon jardin ait peu d'étendue, j'ai su
y réunir toutes les fleurs que j'aime, et maintenant je
les aime doublement, toutes simples, toutes modestes
qu'elles sont, car c'est à moi qu'elles doivent leur exis-
tence, c'est moi qui verse l'eau rafraîchissante à leur
tige altérée, qui les entoure de mille soins prévoyants.
Aussi, elles sont reconnaissantes et me prodiguent leurs
parfums les plus doux; c'est pour moi, pour moi seule

qu'elles revêtent de fraîches et harmonieuses couleurs; c'est pour moi seule qu'elles s'épanouissent chaque matin. Je sais comprendre leur charmante affection, et c'est auprès d'elles que je passe mes heures les plus agréables; je vais souvent rêver dans mon jardin ou conter mes ennuis à mes fleurs; d'autres fois, j'emporte un livre ; et, transportée par leurs parfums si suaves et par les pensées sublimes de l'auteur que j'aime, mon âme s'élève vers le ciel, et je remercie Dieu du bonheur simple et pur qu'il m'a donné.

Tel est mon petit jardin, ma chère Cécile; tâche de venir le voir; il est maintenant dans tout l'éclat de sa beauté. En attendant, je t'envoie une pensée.

Ta cousine et amie,

NOÉMI.

38.

La marmotte écrasée. (Noémi à Camille.)

SOMMAIRE.

Noémi décrit à Camille une scène vraiment attendrissante qui s'est passée le matin même sous ses yeux..... Un pauvre petit Savoyard a eu sa marmotte écrasée par....; il la tenait toute sanglante....; il l'appelait des noms les plus doux....; il la pressait... : c'est que sa marmotte était son amie; c'était un souvenir de.....; c'était son gagne-pain...; c'est sur elle que sa vieille mère....; que va-t-il devenir!... Noémi dit ce qu'elle a fait pour tâcher d'alléger un peu la douleur du pauvre enfant. Elle termine en disant que la vue d'un malheur est bien pénible, quand on ne peut.....

DÉVELOPPEMENT.

Ma chère amie,

Je t'écris encore tout émue d'un spectacle dont j'ai été témoin. Ce matin, nous sommes sorties, ma mère et moi, pour faire quelques emplettes. Dans la rue Saint-Honoré, nous avons vu un petit Savoyard qui faisait danser sa marmotte. La figure de cet enfant était si franche et si ouverte, il avait l'air si gai, sa marmotte dansait si gentiment, que c'était plaisir de les voir. Nous nous sommes éloignées à regret; et, nos achats terminés, j'ai prié ma mère de reprendre le même chemin, dans l'espoir de retrouver mon petit Savoyard.

Je l'ai revu, en effet, ma bonne Camille ; mais quelle différence !... les joues baignées de larmes, il pressait dans ses bras tremblants sa marmotte toute sanglante : un brillant équipage, qui venait de passer, avait renversé l'enfant et écrasé sa compagne.

Les plaintes du pauvre Savoyard étaient navrantes, et nous ont touchées jusqu'aux larmes; il appelait sa marmotte des noms les plus doux, et pressait contre ses lèvres sa petite tête déjà froide; c'était sa seule amie, le seul souvenir qui lui restât de ses montagnes; c'était plus encore, pour l'enfant indigent, c'était son gagne-pain ; c'est sur elle que sa vieille mère avait fondé ses espérances, lorsqu'elle l'avait envoyé à la grande ville; sans elle que va-t-il devenir? J'ai laissé tomber dans sa main les quelques économies que ma bourse contenait encore; et nous nous sommes éloignées tristes et pensives, sentant combien est pénible la vue d'un malheur que l'on ne peut adoucir, d'une infortune que l'on ne peut soulager.

Adieu, ma chère Camille; tâche d'avoir quelque chose de plus gai à m'écrire.

Ton amie,

NOÉMI.

39.

Le revenant. (Lettre de Georges à son cousin Arthur).

SOMMAIRE.

Georges a une histoire effrayante à raconter à Arthur.

Mort, la semaine dernière, d'un riche propriétaire du village qu'il habite. — Ordre de la veuve de laisser le mort dans son lit jusqu'à.....

Tout à coup, la femme de chambre entend la sonnette de son maître. — Elle ouvre. — Personne. — Étonnement de cette femme.

On sonne une seconde fois... Frayeur de la femme de chambre en apprenant par le domestique que sa maîtresse est au rez-de-chaussée... — Le domestique se décide à entrer. — Personne. — Son étonnement.

On sonne une troisième fois... — Redoublement de frayeur. — Nos pauvres gens se risquent pourtant; ils ouvrent... Personne... — Plus de doute; c'est l'âme du mort qui, etc...

Le domestique et la servante courent avertir leur maîtresse qui monte aussitôt, et ne tarde pas à découvrir que l'auteur de tant de bruit est.... un petit chat qui s'amuse à jouer avec le cordon de la sonnette. — Réflexion de Georges.

DÉVELOPPEMENT.

Mon cher Arthur,

Arme-toi de courage, si tu veux lire ma lettre jusqu'au bout; car il s'agit d'un revenant; c'est une histoire effrayante : la voici.

Un riche propriétaire du village que nous habitons est mort la semaine dernière dans un âge avancé. Sa veuve ordonna de laisser le mort dans son lit jusqu'à l'arrivée de la bière. Mais voici que Julie, la femme de chambre, entend la sonnette de monsieur. S'imaginant que sa maîtresse est revenue pleurer auprès de la dépouille de son mari, et qu'elle a besoin de quelque chose, elle accourt, ouvre la porte... et ne voit personne. Je me serai trompée, pense-t-elle, en refermant la porte et en s'en allant. On sonne une seconde fois. Dans ce moment, le domestique du défunt vient s'informer auprès de Julie du motif de ce bruit, tandis que madame avec sa famille est au rez-de-chaussée. A cette nouvelle, Julie sent une sueur froide couler sur tout son corps, et ne conserve de force que pour dire, avec un calme apparent : J'ignore qui est de garde auprès de monsieur, et qui peut avoir sonné : voyez vous-même. Le domestique entre et revient bientôt pour dire que monsieur est seul. Je ne conçois pas, ajoute-t-il, qui peut avoir sonné. Il n'a pas achevé de parler, qu'on sonne une troisième fois et plus fort que jamais. Les pauvres gens en sont si effrayés qu'ils commencent à trembler de tous leurs membres; mais, comme il fait jour, ils ont honte de leur frayeur et entrent dans la chambre où règne le plus profond silence. Dès lors, plus de doute, c'est l'âme du défunt qui occasionne ce bruit, et les domestiques de courir auprès de leur maîtresse. Celle-ci, qui est une femme de tête, au lieu de se laisser intimider par le récit de ses gens, monte tout de suite. Arrivée au corridor, elle entend sonner, et étant entrée dans la chambre, elle voit le cordon de la sonnette fortement agité. Cela n'est pas rassurant, et déjà les témoins songent à quitter la partie, lorsque la maîtresse de la maison ordonne de rester jusqu'à ce qu'on sonne de nouveau. C'est l'affaire de peu de minutes; et qui penses-tu qui avait sonné?..... Un petit chat, qui sautait dans le lit pour se cacher, dès qu'il entrait quelqu'un dans la chambre, et qui, rassuré par le silence des assistants, sortait de sa retraite pour jouer avec le cordon de la sonnette.

Adieu, mon cher Arthur; ce qui vient de se passer ici me prouve une fois de plus que les revenants ne sont pas fort à craindre : dis-moi, dans ta prochaine lettre, si tu es de mon avis.

Ton cousin et ami,
GEORGES.

40.

A une jeune personne qui regarde l'instruction comme inutile, parce qu'elle se croit riche et belle.

SOMMAIRE.

Vous n'avez pas encore quinze ans, ma chère Cornélie, et déjà... Mais sachez donc qu'à une jeunesse..... succède une vieillesse... L'instruction est un trésor..... Je vous plains, vous qui jouissez (*énumérez les avantages de cette jeune personne*)..... Que deviendriez-vous, si... Votre brillante situation ne saurait éblouir une personne qui, comme moi..... D'ailleurs pensez-vous que Dieu vous ait créée pour..... et pour...... Votre âme..... Adieu, ma chère Cornélie, je désire que.....

DÉVELOPPEMENT.

Ma chère Cornélie,

Vous n'avez pas encore quinze ans, et déjà vous négligez de vous instruire. Mais, sachez donc, mon enfant, qu'à une jeunesse sans culture succède ordinairement une vieillesse stérile. L'instruction est un trésor que l'on conserve quand le monde vient à nous manquer; car vous n'ignorez pas qu'il est un âge où l'on ne peut plus employer son temps comme vous le faites. Pauvre jeune fille, votre sort me paraît digne de compassion, et je vous plains sincèrement, quoique vous jouissiez de tous les avantages de la fortune, de tous les agréments de la société; je vous plains, vous dont tous les désirs sont prévenus par un père qui n'entend sur sa fille qu'un concert de louanges, concert dont vous vous estimez si heureuse vous-même! Plus j'énumère vos prétendus avantages, plus ma compassion augmente... Que deviendriez-vous si un revers vous accablait tout à coup; car les faveurs présentes de la fortune ne doivent pas nous rassurer sur l'avenir; on ne peut répondre de leur durée? Votre brillante situation, Cornélie, ne saurait éblouir une personne qui, comme moi, a été si souvent témoin des vicissitudes de la fortune, et ce monde sur lequel vous vous appuyez vous manquerait infailliblement au besoin. Dieu ne vous a pas fait naître pour aller au bal et au spectacle, et pour passer le reste de votre temps à votre toilette: l'âme ne saurait être véritablement heureuse dans un état si contraire au but pour lequel elle a été créée. Qu'est-ce qu'un bonheur qui dépend du concours de tant de circonstances? qu'est-ce qu'une félicité qui nous est tellement étrangère que nous ne pouvons en jouir sans sortir de nous-mêmes?

Adieu, ma chère Cornélie; je désire que vous suiviez mes conseils.

Je suis toujours votre vieille amie,

ANGÈLE.

41.

La mort de Jeanne d'Arc.

Lettre d'un soldat français à son camarade.

SOMMAIRE.

Le soldat français dit à son camarade qu'un pénible spectacle...; il lui rappelle le courage héroïque de Jeanne....; son injuste condamnation...., l'ingratitude du roi Charles VII....; il lui raconte ce qu'il a ressenti quand il a vu attacher Jeanne au fatal poteau..... L'air de la jeune fille était calme et résigné..... Les derniers mots qu'elle a prononcés sont ceux de..... Elle est morte comme une sainte.....

DÉVELOPPEMENT.

Mon vieux camarade,

Les Anglais sont des infâmes, et les Français des ingrats. Foi de soldat ! j'aurais mieux aimé avoir le bras droit emporté par un boulet que de voir le supplice de cette pauvre Jeanne. Tu connaissais cette fille courageuse, intrépide dans le combat, si dévouée au roi ; tu sais comment les ennemis l'ont prise et l'ont traitée, elle que nous respections comme une reine, et que nous aimions comme un ange protecteur; eh bien ! non contents de lui faire subir les plus révoltants outrages, les Anglais l'ont fait monter sur un bûcher et l'ont brûlée vive comme une sorcière; et nous, qu'elle a tant de fois conduits à la victoire, nous sur qui elle a attiré la bénédiction de Dieu, nous avons laissé accomplir ce sacrilége! Dieu, qui nous l'avait envoyée, nous punira sans doute, et nous aurons mérité sa colère, car nous avons été des lâches : nous devions tous mourir ou la délivrer.

J'ai pleuré comme un enfant, mon vieux camarade, en la voyant amener sur la place et attacher brutalement à un poteau. Elle avait conservé cet air de douceur et de majesté qui nous imposait à tous ; elle joignit les mains et leva ses yeux vers le ciel, elle paraissait prier. Lorsque la flamme commença à l'atteindre, elle protesta de son innocence ; nous entendîmes encore s'échapper de ses lèvres les noms de Jésus et de Marie, et tout fut fini... Quand je relevai la tête, tout le monde pleurait autour de moi ; quelques-uns disent qu'ils ont vu une colombe blanche s'élever du bûcher vers le ciel. Tout ce que je sais, c'est qu'elle est morte comme une sainte, et que je n'oublierai jamais cette pâle et douce figure illuminée par la flamme, et cette noble jeune fille qui mourait d'une mort si cruelle et si injuste.

Adieu, mon vieux camarade ; je voudrais que ton âme et la mienne fussent un jour où est sans doute maintenant celle de Jeanne d'Arc.

RENAULD.

42.

La reine Clotilde à ses fils Childebert et Clotaire pour les détourner du meurtre des enfants de Clodomir.

SOMMAIRE.

Au nom de l'autorité qu'elle a sur eux comme mère, elle les conjure de..... C'est leur propre sang que..... Ce sont des orphelins..... Leur père est mort en combattant pour elle..... Elle leur dit de craindre la vengeance de celui..... Mais son trouble l'égare....; ils ne voudront pas que les vieux jours de leur mère....; elle espère en la noblesse de leurs sentiments.....

DÉVELOPPEMENT.

Mes chers fils,

Si vous reconnaissez encore l'autorité d'une mère sur ceux à qui elle a donné le jour, écoutez-moi, rentrez en vous-mêmes, et envisagez l'odieuse lâcheté du crime que vous allez commettre. Ce sont vos neveux, les fils de votre malheureux frère Clodomir, les petits-fils de votre père Clovis que vous avez conçu le dessein de faire périr...! Mais, pensez donc, Childebert, et vous, Clotaire, que c'est dans le sang de faibles enfants, d'orphelins que vous devez protéger, que vous allez tremper vos mains criminelles. Ah! laissez-les vivre, laissez-leur la couronne de leur père mort en combattant pour moi; ne couvrez pas d'un voile de douleur les derniers jours de votre mère. Et puis, craignez, mes fils, la vengeance d'un Dieu puissant...; mais vous ne résisterez pas, j'en suis sûre, à mes prières, vous me laisserez mes petits-fils; ils feront la consolation de mes vieux jours, et je leur apprendrai à vous respecter et à vous bénir...

J'espère en la noblesse de vos sentiments, mes fils; et ma tendresse maternelle s'est sans doute alarmée trop vite. Suivez les conseils de votre mère, et que Dieu vous ait en sa sainte garde.

CLOTILDE.

43.

Les plaisirs de l'imagination. (Ernest à Henri.)

SOMMAIRE.

Ernest plaint les gens dévorés du désir de posséder réellement; il est bien plus heureux, lui : tout ce qui lui plaît, il le possède en...... imagination.

Est-il à la campagne : châteaux, bois, prairies, etc....., tout lui appartient. Il rit de voir le propriétaire réel..., tandis que lui.....

Est-il à Paris, se promène-t-il aux Champs-Élysées : aussitôt son imagination l'enrichit de toutes les voitures qui....., de tous les diamants que les dames..... (*développez*).

Voilà comment il est devenu un des plus riches propriétaires de l'Europe ; mais la plus précieuse richesse pour lui, c'est l'amitié de son ami.

DÉVELOPPEMENT.

Mon cher Henri,

Que je plains ces gens dévorés de l'insatiable désir de

posséder réellement tout ce qu'ils voient et tout ce qui leur plaît! Ton Ernest est bien plus heureux : il jouit de tous les objets qui lui plaisent sans les posséder, et cela..... en imagination.

Suis-je à la campagne : je deviens le maître de tous les châteaux que je vois. Ces prairies, ces bois, ces jardins charmants, tout cela m'appartient. Je ris de voir le propriétaire réel relégué dans la capitale, où je lui laisse le vain plaisir d'entasser dans son coffre-fort l'argent de tous ses fermiers; tandis que moi, véritable propriétaire, je goûte sous un ciel pur toutes les délices de la vie champêtre.

Quand je suis à Paris et que je me promène aux Champs-Elysées, mon imagination me donne à l'instant la propriété de toutes les superbes voitures qui passent sous mes yeux. Toutes ces dames élégantes qui sont assises dans ces voitures dorées, et sur le front desquelles ruissellent les diamants et les perles, ne se sont parées que pour moi.....; je les regarde comme des tulipes qu'on aurait mises dans un parterre tout exprès pour mon amusement.

Voilà, mon cher ami, comment je suis devenu un des plus riches propriétaires de l'Europe, avec cette différence entre les Crésus vulgaires et moi, que ni l'envie publique ni mes propres inquiétudes n'ont jamais empoisonné mon bonheur.

Mais de toutes les richesses, la plus précieuse, mon cher Henri, c'est ton amitié pour moi.

Ton sincère ami,

ERNEST.

44.

A une mère qui ne veut plus croire en Dieu, parce qu'elle a perdu son enfant.

SOMMAIRE.

Je ne veux pas te consoler, ma chère Amélie; je viens, au contraire..... Ton malheur est....; mais la douleur t'égare, quand tu oses dire qu'*il n'y a pas de Dieu !*... S'il en était ainsi, tu perdrais l'espoir de retrouver..... Est-il possible que le corps et l'âme..... Lorsque tu auras cessé de vivre, ton enfant viendra te tendre..... Ton enfant ! il est au ciel.....La nuit, dans tes rêves, ne le vois-tu jamais?.... Le soir, n'entends-tu point sa voix qui te dit....? Oh! reviens, pauvre mère affligée, reviens à des idées plus consolantes, c'est ton amie qui (*achevez*).....

DÉVELOPPEMENT.

Chère Amélie,

Toi que le désespoir ramène chaque jour sur la tombe de ton enfant, écoute la voix d'une amie, et puisse cette voix calmer tes souffrances ! Ne crains pas que j'essaye de borner la durée de ton chagrin; oh! non, je viens, au contraire, pleurer avec toi, pauvre mère frappée d'un coup si rude, que tu oses dire dans ta douleur qu'*il n'y a pas de Dieu au ciel!* Toi, ne pas croire qu'il est un Dieu ! tu perdrais l'espoir de retrouver un jour ce petit être chéri, l'objet de toute ton affection. Quoi ! tu admettrais le même destin pour le corps et pour l'âme, pour l'âme qui sait tant aimer ! Comment ! lorsque tu auras cessé de vivre, ton enfant ne serait pas là sur le seuil du palais du ciel pour te tendre les bras et te dire : « Mère, petite mère, me voilà !.... » La nuit, dans tes rêves, ne le vois-tu jamais dans le brillant séjour de Dieu?.... Le soir, n'entends-tu point sa voix douce et mélodieuse murmurer à ton oreille : « Il est une autre vie ; il est un Dieu, mère : crois-moi ! » Oh ! oui, il est un Dieu, ma chère Amélie ; un Dieu qui a fait de ton enfant un bel ange, et que tu reverras un jour. Reviens donc, pauvre mère affligée, reviens à des idées plus consolantes, c'est ton amie sincère qui t'en prie.

Ta cousine,

LOUISE.

———

45.

La petite maîtresse d'école improvisée. (Maria à Nathalie.

SOMMAIRE.

Elle dit à son amie que, voulant utiliser ses loisirs à la campagne, elle enseigne à lire à une demi-douzaine de petites filles du village....; — leur reconnaissance. — L'une de ces petites filles est vraiment intéressante par sa figure (*faites son portrait*), par son intelligence..... Quand je parle, elle..... Si ma tante s'amuse à chanter, elle....; puis elle..... Sa voix est juste et..... Je me propose de la demander à sa mère, quand.... Je voudrais lui apprendre..... Je lui donnerais ensuite..... Adieu.

DÉVELOPPEMENT.

Ma chère Nathalie,

Voulant utiliser les loisirs que j'ai à la campagne, je réunis chaque jour une demi-douzaine de petites filles appartenant à des parents pauvres, et je leur enseigne à lire. Tu ne saurais t'imaginer combien ces petites filles me témoignent de reconnaissance, et combien elles sont intéressantes! Il en est une surtout pour laquelle j'ai une affection toute particulière. Elle se nomme Blanche; rien n'est plus gracieux que son petit visage rose et blanc. Elle sourit toujours, et ma tante prétend que ses manières ont une grâce que beaucoup de demoiselles voudraient bien avoir. Son intelligence nous étonne chaque jour davantage. Il ne lui a pas fallu trois semaines pour épeler parfaitement, et maintenant elle lit presque aussi bien que moi. Il faut voir aussi comme elle s'applique à corriger son langage! Quand je parle, elle fixe sur moi ses grands yeux bleus et semble craindre de perdre un mot de ce que je dis. Ma tante chante-t-elle une romance, elle se blottit près du piano; et, un instant après, nous l'entendons fredonner dans le jardin quelques passages qu'elle a retenus. Sa voix est juste et sonore; c'est vraiment une petite fille extraordinaire. Comme elle me quitte rarement, les autres petites filles l'appellent la *protégée ;* mais elles ne l'en aiment pas moins, parce qu'elle est douce et qu'elle a mille prévenances. Je me propose de la demander à sa mère quand je quitterai la campagne. Je voudrais lui apprendre tout ce que je sais, et lui donner des maîtres lorsqu'elle sera aussi savante que moi ; ce qui, je crois, ne tardera guère, quoique j'aie dix ans de plus que ce petit prodige.

Bonsoir, mon bon petit lutin de Nathalie ; mes yeux se ferment, il est neuf heures du soir, je ne puis te parler plus longtemps, mais je vais rêver à toi.

MARIA.

46.

Les désagréments de la pension. (Paul à Eugène.)

SOMMAIRE.

Il écrit souvent à son cousin...., c'est le seul soulagement à..... Il énumère les désagréments de la pension : cloche bavarde..., surveillance importune...., défense de rire, de jouer. — Il n'a pas même la permission de penser à..... Dès six heures du matin, il faut..... Le plus petit manque d'ordre au dortoir... Son estomac indisposé murmure-t-il contre une trop longue abstinence..: vite..... La vie de pension est une véritable torture..... Heureusement son petit père a compris.....; il compte bien dire, demain ou après-demain, un éternel adieu.....

DÉVELOPPEMENT.

Mon cher cousin,

Voilà au moins quatre lettres que je t'écris depuis que je suis en pension; c'est que, vois-tu, c'est là mon plus grand plaisir, le seul soulagement permis à mon ennui et à mes chagrins; car on en a beaucoup, de chagrins, en pension! Je ne parlerai pas de la cloche bavarde qui vient brusquement interrompre vos distractions ou vos idées; mais quelle triste sujétion! pas un moment de liberté! toujours des yeux vigilants qui vous suivent sans cesse et partout : dans votre travail, dans vos jeux et presque dans votre sommeil. Gardez-vous de rire ici ou là, dans telle ou telle occasion : le rire est un grave délit! Chassez loin de votre esprit la pensée riante de votre bon père ou de votre cousin Eugène : elle vous empêcherait d'écouter comme quoi « *Le verbe s'accorde avec son sujet,* » et concevez que c'est là un crime très-punissable. — Vous avez sommeil?... drelin! drelin! drelin! « Allons, allons! debout! » et vous vous arrachez à ce doux sommeil du matin, si frais, si reposant. Vous êtes à moitié endormi, et c'est déjà faire preuve d'un courage héroïque que de vous lever; vous vous croyez digne d'éloges ; mais vous avez oublié de ranger votre coiffure de nuit : vite, un *mauvais point* de désordre ! Et voilà la récompense de votre courage. Votre estomac indisposé de l'abstinence de la veille au lendemain éprouve-t-il quelques tressaillements ; murmurez-vous de l'éloignement du déjeuner : vite, au *pain sec !* Tu conçois comme cela met un estomac délicat à la raison ; et comment, avec de pareils moyens, on vous fait le caractère souple et liant, doux et facile. Il y a de quoi rendre folle la meilleure tête. Eh bien ! voilà ma vie. C'est un supplice, une torture de tous les instants. Heureusement, mon petit père a fini par me comprendre : il va me retirer de pension ; et je compte bien dire, demain ou après-demain, un éternel adieu à ma triste prison.

Ton cousin,

PAUL.

— • —

47.

Les agréments de la pension. (Eugène à Paul.)

SOMMAIRE.

Tu es sorti de pension, mon cher Paul, le jour même où..... **Tu** plains sans doute mon sort ; détrompe-toi.... : rien ne manquerait à mon bonheur, si.... La véritable place d'un jeune homme est en pension (*pourquoi?*)..... La nourriture n'est pas recherchée ; mais..... Grâce à la régularité des repas, l'estomac fonctionne.... ; la vigilance de mes maîtres ne m'est nullement pénible..... (*il lui dit pourquoi*). Les récréations viennent agréable-

ment..... Il lui parle de la balançoire...., de son petit jardin.....
Il n'a qu'un regret : c'est que Paul ne soit pas avec lui (*pourquoi?*)..... Si son cousin pouvait revenir à la pension, rien ne
manquerait à son bonheur.....

DÉVELOPPEMENT.

Mon cher Paul,

Tu es sorti de la pension le jour même où j'y suis entré, et je te vois d'ici plaignant mon triste sort; car tu
me crois très-malheureux. Eh bien! détrompe-toi, je
me trouve fort bien ici; et, si je pouvais voir plus souvent mes bons parents et mon cousin Paul, rien ne manquerait à mon bonheur. Tiens, la véritable place d'un
jeune homme est en pension, au milieu d'autres jeunes
gens comme lui: c'est là que l'esprit se développe avec
le corps; c'est là qu'on apprend à vivre avec ses semblables, et que le caractère acquiert cette souplesse, ce
tact qui, plus tard, font le charme de la vie. La régularité dont tu te plaignais tant me plaît beaucoup, à moi;
cette succession de travaux et de plaisirs fait mieux sentir le prix des uns et des autres. La nourriture n'est
pas recherchée, mais elle est saine. Je mange trois fois
plus que chez nous : c'est que, vois-tu, l'appétit est un
bon cuisinier. L'intervalle régulier qui sépare les repas
donne à la digestion le temps de se faire; et l'estomac,
qui n'est jamais fatigué ni par le jeûne ni par l'excès,
fonctionne à merveille. La vigilance de mes maîtres ne
m'est point pénible non plus; je ne fais rien de mal: peu

m'importe donc que l'on me surveille, et cela ne m'empêche pas de jouer à cœur-joie, de courir et de m'en donner de toutes mes forces. Aussi, quand on sonne la cloche de rentrée, je suis rouge comme une cerise, et mon cœur bat à faire plaisir. Et la balançoire donc! Et mon petit jardin que je cultive moi-même, comme je peux; pas trop bien sans doute, mais assez pour y avoir des fleurs qui me rendent bien heureux! Comment tout cela ne t'a-t-il pas séduit? Oh! que tu as été maladroit de te faire retirer et si mal à propos encore! nous serions si heureux ensemble ici! nous serions placés l'un à côté de l'autre au dortoir, au réfectoire, à l'étude, partout. Tiens! je ne veux pas penser à tout ce bonheur; car le souvenir de tout ce que tu nous as fait perdre par ta mauvaise tête trouble ma félicité, et m'empêche de sentir combien je suis heureux en me montrant combien j'aurais pu l'être davantage. Ah! si tu pouvais revenir à la pension, il ne manquerait plus rien au bonheur de ton sincère ami.

Ton cousin,

Eugène.

48.

Conseils d'une institutrice à une de ses élèves qui vient de terminer ses études.

SOMMAIRE.

L'institutrice ne veut pas se séparer de son élève sans lui rappeler une fois encore les conseils qu'elle lui a si souvent donnés..... Elle lui recommande la plus grande prudence dans le choix de ses amies (*développez longuement*)..... Elle sait qu'elle aime la lecture : elle lui donne des conseils à ce sujet (*développez*).... Elle l'engage à conserver ses habitudes de simplicité, de franchise, etc..... Surtout, qu'elle n'oublie pas Dieu..... Elle termine en disant qu'elle se rappellera toujours avec bonheur son élève bien-aimée.

DÉVELOPPEMÉNT.

Ma chère enfant,

Vous allez quitter la classe pour le monde, et mon amitié pour vous s'inquiète en pensant aux dangers qui vous attendent. Au moment de me séparer de vous, je voudrais pouvoir graver dans votre esprit les conseils que je vous ai maintes fois donnés, afin de vous prémunir contre tout danger, et de voir mon élève bien-aimée échapper par sa douce vertu et sa prudence à tous les piéges qui lui seront tendus.

Vous allez dire adieu à vos jeunes compagnes, et les remplacer par d'autres amies : soyez bien attentive au choix que vous ferez : ne vous fiez pas aux apparences, chère enfant; telle paraît pieuse et modeste, qui n'est qu'hypocrite; telle autre paraît franche, et n'est qu'indiscrète; ne vous liez pas facilement, et surtout jamais sans l'avis des personnes à qui vous devez demander des conseils. Craignez de vous tromper; vous êtes bonne, et vous savez que les méchants se font un jeu de corrompre les bons.

Vous aimez la lecture : rappelez-vous, chère enfant, ce que je vous ai dit souvent à ce sujet : un mauvais livre est un poison que l'on boit par les yeux.

Ne vous mêlez pas non plus à ces plaisirs qui cachent des épines sous des roses; conservez ces habitudes de simplicité et de piété qui vous rendent si chère aux personnes qui vous connaissent; ne cherchez pas à imiter ces airs légers et hardis des jeunes personnes qui chercheront peut-être à tourner en ridicule votre modestie. Soyez franche, vraie, sans affectation, et vous serez aimée.

Quant à vos devoirs religieux, je n'ai qu'un mot à vous dire : aimez toujours Dieu comme vous l'aimez maintenant, et vous resterez bonne et vertueuse au milieu du monde, et je me rappellerai avec bonheur que vous avez été mon élève, mon élève bien-aimée.

49.

Une fête nationale. (Albert à Octave.)

SOMMAIRE.

Albert de Paris donne à son ami Octave, momentanément à la campagne, des détails sur la fête nationale de lundi dernier; il lui dit qu'il a été se promener aux Champs-Elysées; il passe en revue les jeux de bagues, les chevaux de bois, les vaisseaux aériens, etc., etc. Le soir il y a eu une grande illumination dont il essaye de lui donner une idée; enfin, il a assisté au feu d'artifice, et n'est rentré qu'après le bouquet.

Cette lettre est un véritable tableau. Employez des couleurs vives et vraies.

DÉVELOPPEMENT.

Mon cher Octave,

La semaine dernière a commencé à Paris par un bombardement des plus horribles. Jamais pareil tapage n'avait étourdi nos oreilles : les maisons tremblaient, les vitres frémissaient, les chevaux bondissaient, les chiens hurlaient, les enfants pleuraient. On avait bien de la peine à leur faire comprendre que ce bruit épouvantable était un plaisir.

L'après-midi, nous avons été nous promener aux Champs-Elysées. La foule y était si nombreuse qu'on ne pouvait faire un pas. Dans les contre-allées, il y avait autant de marchands que d'acheteurs; autant de jeux que de joueurs; à chaque arbre, une boutique de gâteaux, de joujoux, de bijoux, de tableaux et de statuettes; de tous côtés résonnaient les clarinettes et les tambours : c'était un concert monstre, s'il en fut jamais. La bière coulait à longs flots, on entendait sauter les bouchons, pétiller les lampions, gazouiller les fritures. Des jeux de bagues faisaient tournoyer des familles entières : les petits garçons se tenaient fiers et superbes à cheval sur un cygne de bois; le *papa*, comprimé dans un fauteuil trop étroit, serrait sur ses genoux la *petite*, et la maman fermait les yeux pour ne pas être étourdie par cette course circulaire. Ici des sociétés complètes s'amusaient à naviguer sur des vaisseaux aériens; là, toutes sortes d'amateurs se faisaient peser : on les voyait assis gravement dans un fauteuil, occupés à être lourds ou légers.

Le soir, il y a eu *illumination*. La grande allée des Champs-Elysées était éblouissante; cette double rangée de gros lustres en verres des trois couleurs faisait un effet magique. On y voyait clair comme en plein jour : les entrepreneurs ont tenu à nous prouver que nous vivons dans un *siècle de lumières*...

A neuf heures, on a tiré un feu d'artifice qui a duré cinquante minutes. Tu comprends qu'un feu d'artifice qui dure si longtemps perd tout son charme; son rôle, c'est de briller un moment, d'éblouir et de s'éteindre.

Après le bouquet, nous sommes rentrés épuisés de fatigue; jurant, mais un peu trop tard, qu'on ne nous y prendrait plus.

Je te serre la main.

ALBERT.

50.

Mon amusement favori. (Claire à Eugénie.)

SOMMAIRE.

Mon amusement favori? — C'est de me promener le soir dans quelque endroit solitaire. — Beau clair de lune. — Léger zéphyr. — Silence propice à la méditation. — Voûte étoilée. — Acte d'adoration. — Prière pour mes bons parents. Tu riras peut-être de mon amusement favori, mais, etc......

DÉVELOPPEMENT.

Ma chère Eugénie,

Tu me demandes quel est mon amusement favori. Je ne serai pas embarrassée pour te répondre; car mon plus grand plaisir est de me promener le soir dans quelque endroit solitaire. Qu'y a-t-il, en effet, de plus agréable que de se promener, par un beau clair de lune, dans de longues allées où vous ne voyez que votre ombre qui marche devant vous. De temps en temps, un petit zéphyr soulève doucement les feuilles, puis tout rentre dans ce calme, dans ce silence que j'aime tant. Quand je suis là, mon Eugénie, je pense mieux à ma bonne mère, et je cherche par quel moyen je pourrais répondre à tous les sacrifices qu'elle fait pour moi.

Que te dirai-je? cette tranquillité me convient. Quand

je contemple cette voûte des cieux, mélancolique et pure, je suis tentée de me jeter à genoux et de remercier l'auteur de tant de merveilles.

Combien de fois aussi ne l'ai-je pas supplié de me conserver les parents qu'il m'a donnés, et sans lesquels il n'y aurait point de bonheur pour moi! Il me semble que l'ombre et le silence m'inspirent mieux, et que mes prières montent plus facilement vers le trône de celui qui voit tout; et qui, jusqu'à présent, m'a comblée de bienfaits.

Nos goûts sont différents, je le sais, ma bonne amie ; aussi tu riras de mon amusement favori ; mais, enfin, je tâche de répondre à la question que tu m'as adressée.

Ton amie dévouée,

CLAIRE.

51.

A un ami qui m'a demandé quel est l'oiseau que je préfère.

SOMMAIRE.

Je n'irai chercher l'oiseau que je préfère ni dans...., ni dans....; encore moins dans..... C'est dans une volière que.....; le petit canari est l'objet de..... La vivacité de....; la flexibilité de....;

sa docilité à.....; ses caresses..... Le matin il vient....; il faudrait des pages entières pour..... Comment ne pas préférer?.....

DÉVELOPPEMENT.

Mon cher ami,

Je n'irai point chercher mon oiseau favori au milieu de nos jolis bosquets ni dans l'épais feuillage de nos bois, qu'enchantent le flexible gosier du rossignol et le doux roucoulement de la tourterelle; encore moins dans nos fertiles champs et dans nos vastes prairies, où l'alouette dépose les objets de sa tendresse. C'est dans une charmante volière qu'est renfermé mon oiseau de prédilection. Le petit habitant des Canaries, qui a su se naturaliser parmi nous, est l'objet de mes affections. Son beau plumage flatte agréablement mes yeux; la vivacité de ses mouvements et la flexibilité de sa voix charment mes récréations; la douceur de son chant m'attire souvent près de lui; et, s'il obtient la liberté de voltiger quelques instants dans ma chambre d'étude, quelle jouissance pour moi de le voir se percher sur mon doigt, me caresser, m'inviter par ses petits coups de bec à prendre part à sa joie, et me témoigner qu'il reconnaît la main qui, chaque jour, lui apporte sa subsistance! Le matin, mon petit canari prévient mon lever par un doux gazouillement; puis, quand on ouvre la porte de sa cage, il vient se jouer dans les franges de mon lit et m'agacer par son vol; il voltige ensuite dans l'appartement jusqu'au moment du déjeuner, qu'il a bien gagné par ses gentillesses. Comment pourrais-je, je te le demande, ne pas donner la préférence à mon petit canari?

Dis-moi, dans ta prochaine lettre, si nous avons le même goût en fait d'oiseaux.

Je te serre la main.

AUGUSTE.

———

52.

Lettre d'une jeune fille à sa mère.

(Une jeune fille est devenue chrétienne en assistant au martyre de son frère; elle l'apprend à sa mère, et la supplie de renoncer elle-même au culte des faux dieux.)

SOMMAIRE.

Son frère, en mourant, lui a montré le ciel; et ce signe a été pour elle un éclair....; elle est chrétienne et supplie sa mère de renoncer au culte des faux dieux..... Ces dieux ne sauraient lui rendre le fils qu'elle pleure....; le Dieu des chrétiens seul..... Soyez chrétienne, ô ma mère, je vous en conjure par....; par....; par...; afin que les âmes de la mère, du fils et de la fille soient confondues dans l'éternité.

DÉVELOPPEMENT.

Ma chère mère,

J'étais au cirque: l'image de mon pauvre frère est

toujours présente à mes yeux ; je vois encore ses mains tremblantes, son front pâle..... Je lui ai dit adieu en pleurant, car il m'a aperçue. Il m'a jeté un dernier regard et m'a montré le ciel. Et puis, tout a été fini.

Mais non, rien n'est fini ; il m'a montré le ciel, et ce signe est un éclair. Oui, ma mère, c'est la grâce qui descend sur moi, qui me confond, qui me transporte, qui me ravit tout d'un élan jusqu'à mon frère, jusqu'au Christ, jusqu'à Dieu... Gloire au Dieu de mon frère ; c'est lui qui est maintenant mon Dieu, mon maître et mon consolateur. En lui est toute ma force, en lui est ma foi, en lui est mon amour, en lui sont mes espérances. O Christ ! mon frère et moi nous sommes à toi ; fais que ma mère t'appartienne aussi, afin que toute la famille soit réunie dans ton amour. O ma mère, ma chère mère, soyez chrétienne, je vous en conjure. Qu'ont-ils donc fait pour vous, ces dieux que vous servez ? Ils ont désolé notre famille, ils ont tué mon frère. Quelles consolations pourront-ils vous donner ? Allez vous agenouiller sur les froides pierres de leurs temples, allez contempler en suppliante leurs statues inanimées : vous rendront-ils ce fils qu'ils vous ont enlevé ? Ah ! Jésus-Christ seul pourra vous le rendre, et vous joindre à lui dans l'éternité ! Ma chère mère, si la pensée d'une séparation sans fin vous épouvante, si vous aimez votre fils, si vous le pleurez, s'il vous est doux de le revoir un jour, si vous ne vous condamnez pas vous-même à mourir, comme les païens, d'une mort sans espoir, écoutez votre fille suppliante : soyez chrétienne. Je vous en conjure par ces larmes sincères, par la tendresse que vous m'avez toujours témoignée, par mon amour pour vous, par le dernier vœu de mon frère que j'ai lu dans son regard, cédez, cédez enfin ; et, par l'effet de notre mort chrétienne, les âmes de la mère, du fils et de la fille seront confondues dans l'éternité !...

53.

Impressions de la distribution des prix.

Lettre d'un élève à son ami.

SOMMAIRE.

Jules annonce à son ami que *la distribution des prix* vient d'avoir lieu à sa pension. — Quelques mots sur l'enceinte réservée à cet effet. — La cérémonie a commencé à midi. — Discours du maître de pension sur *les devoirs de l'enfant envers ses parents et ses maîtres.* — Effet qu'a produit ce discours sur l'esprit des élèves. — Appel des lauréats. — Emotions diverses. — Jules n'a pas été des moins bien partagés ; il espère que, l'année prochaine, il ne sera pas moins heureux ; car.....

DÉVELOPPEMENT.

Mon cher ami,

Je sors à l'instant d'une solennité qui laissera dans mon cœur d'éternels souvenirs. Aussi, je ne veux pas que la journée s'écoule sans que je t'aie fait part, à toi le confident de mes joies et de mes petites contrariétés, de la première émotion qu'il m'ait été donné d'éprouver.

Tu ne t'étonneras pas de la pompe de ce début, quand tu sauras que c'est de la distribution des prix que je veux parler.

Une tente avait été dressée dans la cour de la pension. La plus grande partie en était garnie de banquettes destinées aux élèves; sur l'autre s'élevaient les gradins qui devaient recevoir les parents. A midi, nous sommes tous entrés dans l'enceinte, agités tout à la fois par la crainte et l'espérance. Là, nous avons rencontré toutes les personnes qui nous sont chères : nos parents, dont le cœur était aussi ému que le nôtre; nos professeurs, heureux de récompenser les travaux de l'année, et perdant ce jour-là l'air rigide et sévère que nous leur trouvons dans leur chaire.

Enfin la cérémonie a commencé. Notre vénérable et bon chef d'institution a résumé, en quelques paroles qui nous ont tous attendris, les devoirs de l'enfant envers ses parents et ses maîtres. En ce moment-là, nous avons regretté les motifs de mécontentement que nous avons pu leur donner, et nous nous sommes promis de faire tout notre possible pour les satisfaire à l'avenir.

L'appel des lauréats a été fait ensuite, et a duré deux heures, qui se sont passées au milieu de l'émotion générale; mais, hélas! cette émotion, qui faisait couler chez les uns des larmes de joie, était chez les autres la source de larmes, de repentir et de regret. C'est au moment de la distribution des prix que l'on voudrait avoir bien employé l'année qui vient de s'écouler, et que l'on prend la résolution de réparer l'année suivante le temps perdu. Quant à moi, je me suis bien promis d'avoir toujours cette solennité présente à l'esprit, afin de ne jamais manquer à l'accomplissement de mes devoirs.

Je ne te raconterai pas tous les incidents de ce beau jour; je te dirai seulement que je serais fort embarrassé, s'il fallait t'indiquer quel était en ce moment le plus heureux ou du maître qui donnait le prix, ou de l'élève qui le recevait, ou enfin de la mère qui couvrait de baisers son fils lauréat.

Je ne veux pas terminer cette lettre sans t'annoncer que je n'ai pas été un des moins bien partagés de la journée; et j'espère que l'année prochaine, je ne serai pas moins heureux, car alors j'aurai fait ma première communion et je serai presque un homme.

Adieu, mon cher ami, je t'embrasse de tout mon cœur.

JULES.

54.

La reine Marie de Médicis demande à son fils Louis XIII la grâce d'Eléonora Galigaï, injustement condamnée à mort.

SOMMAIRE.

La nouvelle de la condamnation d'Eléonora Galigaï m'a causé, mon cher fils, une profonde douleur; mais j'ai pensé à vous...., et

alors..... Vous ne refuserez pas à votre mère..... Eléonora est
ma sœur de lait..... D'ailleurs, elle est innocente..... N'est-elle
pas assez malheureuse? Son mari..... Et puis vous ne voudrez
pas que j'aie à me reprocher sa mort....; car c'est moi qui l'ai
amenée en France.... Pensez aussi à la douleur de son vieux
père...., de...., et de....; pensez enfin à ma propre douleur, à
laquelle peut-être..... Souvenez-vous qu'Eléonora a pris soin de
votre enfance (*développez*)....; elle n'a pas cessé de vous chérir;
aussi, c'est vers vous qu'elle tourne un dernier regard d'espérance.

DÉVELOPPEMENT.

Mon cher fils,

Je viens d'apprendre la condamnation d'Eléonora
Galigaï, et j'en ai ressenti une profonde douleur; mais
je me suis rassurée en pensant à vous : vous ne refuserez pas à votre mère la grâce qu'elle vient vous demander. Enfermée ici par suite d'une injuste apprécia-
tion de mes actes, loin d'un fils que j'aime tendrement,
j'espère néanmoins que j'ai encore une place dans votre
cœur.

Vous savez, mon fils, toute mon affection pour Eléonora; elle est ma sœur de lait, nous avons passé notre
enfance ensemble; aussi, je suis sûre que vous avez ap-
pris à regret cette condamnation : les rois sont si souvent mal conseillés! mais ils se sont réservé le plus
précieux des droits, celui de *pardonner;* et ce droit les
rapproche, en quelque sorte, de la Divinité elle-même.
D'ailleurs je proteste de l'innocence d'Eléonora; elle n'a

pas cessé un seul instant d'être bonne et vertueuse. Pensez à la douleur de votre mère, à la seule idée des souffrances que cette malheureuse endure au fond de sa noire prison. N'est-ce pas assez pour elle d'avoir à pleurer son mari? Ah! prenez pitié, mon fils, de cette pauvre femme, et de votre mère aussi; car c'est moi qui l'ai introduite à la cour; ne me laissez pas me reprocher sa mort. Songez à la douleur de son vieux père, de sa mère, de ses enfants qui ne pourront lui survivre. Ainsi, une mort injuste en entraînerait beaucoup d'autres avec elle, et peut-être celle de votre mère elle-même qui, privée de sa meilleure amie, éloignée d'un fils qu'elle ne cesse de chérir, ne pourrait supporter un coup si terrible. Souvenez-vous enfin qu'Eléonora vous a vu naître; rappelez-vous les soins et les caresses qu'elle vous a prodigués lorsque vous étiez enfant. Aujourd'hui même, du fond de sa prison, elle prie encore pour vous; car elle ne doute pas que vous êtes étranger à tous ses malheurs, et c'est vers vous seul qu'elle tourne un dernier regard d'espérance.

Adieu, mon fils.

Votre mère,

Marie de Médicis.

Blois, 1617.

55.

Léonce écrit de Chambéry à son ami qu'il a assisté au départ d'une troupe de petits Savoyards pour Paris ; il lui raconte ce qui se passe en pareille circonstance.

SOMMAIRE.

Léonce dit à son ami que c'est ordinairement vers la fin de l'automne qu'ont lieu ces sortes de départs ; il lui dépeint la fatigue, l'inquiétude des mères..... le chagrin et la résignation des enfants.... ; l'attitude et le langage des anciens du village qui doivent les conduire..... Il lui parle de la messe qu'on dit pour les voyageurs, du recueillement des assistants, etc..... Après la messe, les mères embrassent leurs enfants une dernière fois et rentrent pour pleurer. La caravane descend la colline, accompagnée de...., de...., et du vieux curé, qui arrête les voyageurs à une croix de bois placée au détour du chemin, etc., etc. Léonce termine par quelques réflexions sentimentales.

DÉVELOPPEMENT.

Mon cher ami,

Je suis en Savoie depuis quelques jours, et j'ai assisté hier, dans un village à peu de distance de Chambéry, au départ de pauvres enfants des montagnes pour la *grande ville*, comme ils disent ; c'est un tableau dont je veux te donner une idée.

C'est ordinairement vers la fin de l'automne que les

caravanes se rassemblent. Depuis huit jours, les pauvres mères n'ont pas goûté un seul instant de repos, tant elles ont été accablées de soins et d'inquiétudes! Il leur a fallu rapiécer la veste de bure, faire partir les enfants avec du linge blanc; et puis, auront-ils toujours du travail et du pain? reviendront-ils jamais dans leur village?... que de pleurs ont interrompu ces occupations! que de prières faites du fond du cœur! Il y a toujours dans le hameau un ou deux hommes qui ont fait leur tour de France, et qui sont chargés de conduire tous les enfants; ils sont là, debout, commandant déjà à leur petite troupe, et rassurant les femmes qui s'affligent; les enfants sont tristes et soumis, car le curé leur a dit que Dieu le voulait. Ils mettent dans leur sac le pain qu'on leur donne, parce qu'ils n'ont pas le courage de manger; ils regardent, sans les écouter, les mères qui leur font longtemps leurs recommandations, et puis les embrassent. On dit enfin la messe des voyageurs : il y a un grand recueillement dans l'église. Après cela, chacun se prépare : on donne aux enfants la petite caisse où dort la marmotte; on leur enseigne à tenir les outils de ramoneur; les mères attachent la besace sur leurs épaules, les embrassent une dernière fois et rentrent pour pleurer. La caravane descend silencieusement le chemin de la colline, accompagnée de quelques enfants plus petits, de parents qui encouragent ceux qui partent, et du vieux curé qui les arrête enfin à une croix de bois placée au détour du chemin, les bénit encore, et ramène au village tous ceux qui doivent y rentrer.

Voilà, mon cher ami, comment les choses se passent;

c'est un spectacle bien simple mais bien émouvant, et je me suis senti plus d'une fois les larmes dans les yeux... Si jamais un de ces pauvres enfants te demande un *petit sou*, oh! ne le repousse pas : tu ne saurais mieux placer ton argent.

Adieu, mon cher ami, je compte te revoir bientôt.

Ton ami,

LÉONCE.

56.

Une dame décrit à sa sœur une soirée dansante que la maîtresse de pension de sa fille a donnée à ses élèves, à l'occasion de sa fête.

SOMMAIRE.

Commencement de la soirée à huit heures. — Toilettes. — Joie des mères. — Frères et cousins des jeunes filles. — Piano. — Danse. — Valse. — Galop. — Dans l'intervalle des contredanses : gâteaux, glaces, sirops, etc...... Fin de la fête à une heure du matin.

DÉVELOPPEMENT.

Ma chère sœur,

La maîtresse de pension à qui j'ai confié mon Amélie a donné samedi dernier, à l'occasion de sa fête, une

5

charmante soirée à ses élèves; je vais essayer de t'en donner une idée. Elle a commencé à huit heures. Toutes les danseuses, dont la plus jeune pouvait avoir huit ans, et la plus âgée quatorze, étaient assises, le sourire sur les lèvres, les yeux brillants et les joues toutes roses de plaisir. Leurs cœurs palpitaient d'attente et de bonheur; elles mesuraient de l'œil l'espace qu'elles allaient parcourir; elles s'examinaient dans les moindres détails de leurs toilettes fraîches et simples comme elles, et reportaient sur leurs mères toutes rayonnantes d'orgueil leurs regards joyeux. Devant et derrière elles, leurs frères et leurs cousins, danseurs du même âge, circulaient dans le salon, faisant à demi-voix leurs remarques, critiquant presque comme des hommes, et choisissant d'avance l'enfant ou la toute jeune fille. Mais le piano a donné le signal, et l'essaim folâtre s'est élancé oublieux de tout, excepté du plaisir. La joie était universelle; elle a gagné jusqu'aux mères elles-mêmes et à la maîtresse de pension qui paraissait heureuse du bonheur de ses élèves. Dans l'intervalle des contredanses et des valses, les gâteaux, les glaces et les sirops ont circulé en profusion et ont été partout bien accueillis. Mais une bien autre ivresse s'est emparée des enfants, lorsque l'air du galop s'est fait entendre. Il fallait les voir toutes, petites et grandes, s'élançant et parcourant de la vitesse de leurs faibles jambes les longs salons ouverts devant eux : on eût dit les petits chevaux de Franconi galopant autour du cirque. La fête a fini pour les mères comme pour les enfants, à une heure du matin. Combien de jeunes filles, dans huit ou dix ans, regretteront, au milieu des fêtes où elles porteront, au lieu de quelques fleurs, des plumes et des diamants, cette douce et joyeuse soirée de la pension ! Adieu, ma chère sœur ; j'ai bien regretté que la charmante petite Marie, à qui j'envoie deux gros baisers, n'ait pu assister à cette délicieuse soirée : le bonheur de ma chère Amélie eût été doublé.

Ta sœur et amie.

57.

Les GRANDES EAUX de Versailles. (Alphonse à Auguste)

SOMMAIRE.

Alphonse a été dimanche, avec son père et son cousin, à Versaille voir jouer *les grandes eaux*. Il est arrivé à deux heures, au moment où la foule évacuait le palais et se précipitait dans le parc. — Un mot sur les merveilleux travaux d'hydraulique exécutés par Louis XIV. — Il a visité successivement le bassin des Fleuves et des Naïades, les bains de Diane et de Latone. —A cinq heures, le bassin de Neptune a commencé à fonctionner ; Alphonse essaye de donner à son cousin une idée du jeu de cette dernière pièce d'eau, qui a dignement couronné tant de magnificences.

N. B. Le maître pourra lire une fois le développement suivant à ses élèves.

DÉVELOPPEMENT.

Mon cher Auguste,

J'ai été dimanche à Versailles voir jouer les *grandes*

eaux, et je veux te donner quelques détails sur les merveilles d'hydraulique qui se sont déroulées à mes yeux. Nous sommes arrivés, mon père, mon cousin et moi, à deux heures précises. A ce moment la foule évacuait le palais et se précipitait dans le parc : c'était l'heure où de toutes parts les fontaines se couvraient de jets humides, de cascades et de gerbes étincelantes. Les eaux sont l'âme de Versailles, elles en sont peut-être la plus grande merveille, non-seulement à cause des dépenses inouïes qu'a faites Louis XIV pour les y amener, mais en raison surtout des effets surprenants qu'en ont tirés les machinistes et les ingénieurs. Aussi ne serait-il pas moins difficile de te rendre ces effets que de te décrire les impressions causées par un feu d'artifice. Nous avons visité successivement le bassin des Fleuves et des Naïades, les bassins de Diane et les bains de Latone. Mais, de toutes ces fontaines, la plus extraordinaire est sans contredit le bassin de Neptune. C'est autour de ce bassin qu'après avoir erré toute la journée de bosquet en bosquet, d'une fontaine à l'autre, du grand au petit Trianon, les promeneurs, réunissant un reste de force, se sont ralliés, vers le soir, pour assister au formidable jeu de cette dernière pièce d'eau. Elle n'a commencé à fonctionner que vers cinq heures, quand toutes les autres ont eu successivement épuisé leurs gerbes liquides; c'était la fin, le digne couronnement de toutes ces magnificences. Quand est venue l'heure où elle devait à son tour faire explosion, il y a eu dans la foule un recueillement, une attente solennelle. Un cri d'enthousiasme s'est élevé de toutes parts, au moment où ont surgi, ont bouillonné, se sont entre-croisés des jets d'eau d'une force, d'un volume et d'une portée incomparables. Toutes les bouches des dieux, des tritons, des animaux, tous les vases qui garnissent le rebord de la pièce d'eau ont lancé de bruyantes fusées liquides. Rien au monde ne saurait te donner une idée de cette mêlée furieuse de l'onde, de ces pluies ou, pour mieux dire, de ces trombes de perles, de rubis, de saphirs, qui ruissellent avec fracas et qui envahissent le ciel, entremêlées d'arcs que forment les rayons du soleil décomposés par cette multitude de prismes. Un tel spectacle a suffi amplement pour me dédommager des fatigues de la journée. La foule s'est arrachée lentement à cette éblouissante vision; nous l'avons suivie, épuisés, affamés, mais émerveillés, et ne regrettant qu'une seule chose, c'est que tu n'aies pu partager notre promenade.

Je te serre la main.

ALPHONSE.

58.

Une mère à sa fille qui lui a demandé lequel est préférable de l'esprit ou du cœur.

SOMMAIRE.

La mère dit à sa fille qu'un simple parallèle suffit pour décider la question. Le cœur, écrit-elle, c'est la fleur embaumée que la nature....; l'esprit, c'est la fleur artificielle..... L'un touche....; l'autre......Le cœur, c'est le sanctuaire de.....; l'esprit c'est le... L'esprit, c'est une couronne qui se fane....; le cœur, c'est une chaîne d'or qui..... Elle continue ainsi son parallèle, et conclut en faveur de.....

N. B. On pourra, après avoir dicté ce sommaire, en lire une fois le développement aux élèves.

DÉVELOPPEMENT.

Ma chère enfant,

Tu me demandes lequel est préférable de l'esprit ou du cœur : un simple parallèle va suffire pour répondre à ta question. Le cœur, ma bonne Eugénie, c'est la rose embaumée que la nature a fait éclore ; l'esprit, c'est la rose artificielle dans laquelle l'orgueil de l'homme a prétendu imiter l'ouvrage de Dieu. L'un charme, touche, inspire : on s'attendrit à sa voix ; l'autre étonne, fascine, éblouit : on l'admire. Le cœur, c'est le sanctuaire de l'amitié, l'autel de la reconnaissance ; en lui, tout est amour, culte, prière ; l'esprit, c'est le scrutateur téméraire qui veut tout comprendre, tout savoir, tout expliquer. L'esprit, c'est une couronne qui se fane avec les ans ; le cœur, c'est une chaîne d'or qui ne se brise jamais, qui unit le ciel à la terre, l'homme à l'ange, l'ange à Dieu. Oh! ma chère enfant, n'écoute jamais que la voix du cœur, elle seule est toujours belle, toujours harmonieuse ; c'est elle qui te crie tous les jours, à tous les instants, quand tu souffres comme quand tu es heureuse : *Dieu t'a créée pour aimer et prier !*

59.

Un élève d'un lycée écrit à un de ses amis, élève dans une pension de Paris.

SOMMAIRE.

Rien ne saurait l'empêcher d'écrire à son ami (*développez*)..... Il lui rappelle comment ils se trouvèrent éloignés l'un de l'autre à la fin des vacances..... Son ami fut mis dans une pension ; et lui, au lycée, rue Saint-Jacques. Il lui parle du chagrin qu'il eut d'abord, de l'examen qu'il subit, de son admission dans le quartier des septièmes. Il lui raconte comment il terrassa un des plus grands qui avait osé se mesurer avec lui..... Il lui parle du nombre des élèves, de leur classement, de leur habillement..... Il conduit ensuite son ami au réfectoire, et lui fait voir des tables chargées de dindes aux truffes, de perdrix aux choux, de pâtés, etc... Le tambour vient interrompre son hyperbolique description dont il remet la suite au prochain numéro.

DÉVELOPPEMENT.

Mon vieux,

Une grande distance nous sépare ; mais rien ne saurait m'empêcher de t'écrire ; et nos maîtres ont beau être sévères, je puis encore dérober un instant à mon travail pour m'entretenir avec toi. Tu sais que nos deux familles, n'ayant pas les mêmes intentions, nous éloignèrent l'un de l'autre à la fin des vacances ; et, malgré le vif désir que nous avions de rester ensemble, il fallut obéir aux ordres paternels. Tu fus mis dans une pension, et moi au lycée, rue Saint-Jacques. Je ne te le cache pas, j'éprouvai un peu de chagrin en y entrant, mais je fus bientôt consolé. On m'examina. Je fus un moment intimidé; mais on vit bien que je savais déjà ma méthode, et l'on m'installa dans le quartier des septièmes. J'eus bientôt fait connaissance avec mes nouveaux camarades. J'ai beau paraître fort, on voulut m'essayer. Un des plus grands m'allongea un vigoureux coup de poing; mais moi, malgré ma douceur naturelle, tu le sais, je ne suis pas endurant. Nous nous empoignâmes; et, malgré toute son adresse, en moins de cinq minutes, mon adversaire fut à bas, et se releva aussitôt tout honteux, pendant que les spectateurs étaient tout étonnés de ma vigueur. Depuis ce temps, on n'oserait me regarder de travers; je suis le fier-à-bras de l'étude.

Imagine-toi, mon vieux, des milliers d'élèves divisés par cours, se connaissant à peine les uns les autres. Nous sommes tous habillés uniformément; nous avons tous habit bleu, gilet bleu, pantalon bleu : enfin on passe au bleu notre personne tout entière, depuis les pieds jusqu'à la tête.

Mais c'est au réfectoire que m'attendaient les plus intéressantes merveilles. Figure-toi une table chargée de pâtés de foie gras, de dindes aux truffes, de perdrix aux choux et de superbes lièvres, enfin une table mieux servie que celle de mon père, qui pourtant sous ce rapport n'épargne aucuns frais. Malgré la confiance que j'ai en toi, me diras-tu, je ne puis te croire. Et moi je te répondrai que... Mais, adieu; j'entends le tambour qui m'annonce deux heures, et je n'ai que le temps de cacheter ma lettre : la suite au prochain numéro, mon vieux.

60.

En quoi les poupées sont utiles aux petites filles.

SOMMAIRE.

Une poupée est le meilleur répétiteur qu'une mère, etc..... (*développez*). Elle enseigne à ranger, à plier, etc., etc. Elle habitue l'enfant riche à faire avec grâce des nœuds, etc., etc..... L'enfant pauvre s'apprend à tailler dans de grossiers chiffons des robes, etc., etc..... (*développez*). Enfin, la poupée est, dans les mains d'une petite fille, l'apprentissage de la maternité..... (*Énumérez longuement les soins divers que l'enfant prodigue à sa poupée, quand elle la promène, quand elle la couche, etc., etc.*)

DÉVELOPPEMENT.

Ma chère amie,

Tu me demandes en quoi les poupées peuvent être utiles aux petites filles : il m'est bien facile de te le dire, car je suis témoin chaque jour de l'usage que ma sœur fait de la sienne.

D'abord une poupée est le meilleur répétiteur qu'une mère puisse donner à sa fille : les fables apprises par cœur, les leçons de lecture, les prières sont redites par la maman à sa muette enfant; mais à ce premier avantage la poupée en joint un autre non moins précieux ; elle exerce de bonne heure la petite fille à plier les robes, à ranger avec symétrie le trousseau de la poupée, à tailler avec goût les mantilles, les légers bonnets, les mille ornements de la toilette d'une femme ; c'est en jouant à la poupée qu'on s'habitue à faire avec grâce les nœuds de rubans; et telle femme qui brille dans le monde par l'arrangement gracieux de sa toilette, a souvent acquis, en parant sa poupée, ce talent si difficile de s'habiller avec goût.

Si le jeu de la poupée est utile à l'enfant riche, qui plus tard doit faire l'ornement des salons, il est peut-être plus nécessaire encore à l'enfant pauvre qui s'apprend à tailler dans de grossiers chiffons que lui donne sa mère, des robes et des tabliers, science qui lui servira plus tard quand il faudra qu'elle fasse des robes à ses enfants.

Enfin, la poupée est, dans les mains d'une petite fille, l'apprentissage de la maternité. Quelle tendresse, quelle sollicitude ma sœur montre pour la sienne ! comme elle la berce dans ses bras en chantant le refrain des nourrices ! Puis, elle la pose doucement dans son lit, marche sur la pointe du pied pour ne pas troubler son sommeil. Pendant qu'elle dort, elle range avec soin son ménage, tire du carton le frais chapeau, et prépare tout pour la promenade.

Voilà, ma chère amie, en quoi les poupées sont utiles aux petites filles. Maintenant que je t'ai satisfaite de mon mieux, il ne me reste plus qu'à t'embrasser.

Ton amie,

Zoé.

64.

Souvenirs d'enfance. (Lettre de Marguerite à Florestine.)

SOMMAIRE.

Marguerite, pour charmer l'ennui de l'absence, rappelle à son amie des souvenirs d'enfance. Grand jardin. — Chasse aux papillons. — Jeux divers. — Prairie. — Couronnes de fleurs.— L'hiver, lectures intéressantes ; l'été, prière du soir sous les grands arbres. — Travaux communs. — Fêtes de famille. — Souvenirs de première communion. — Eglise du village. — Bonheur que procurent ces souvenirs.

DÉVELOPPEMENT.

Ma bien-aimée Florestine,

Il me semble qu'il y a un siècle que nous ne sommes plus ensemble ! c'est que, loin de mes parents et de toi, ma meilleure amie, je ne saurais goûter de bonheur. Ma seule distraction, la seule trève à mon ennui, c'est le souvenir de nos jeux d'enfance. Je me figure encore être dans notre beau jardin, lorsque nous courions ensemble, effleurant à peine le sable des allées; ou que, sur la pointe du pied, nous poursuivions quelque léger papillon. Que de parties de corde, de ballon, de volant nous avons faites ensemble! Te rappelles-tu le grand bassin où nous jetions tous les matins du pain aux jolis petits poissons rouges? la prairie où nous cueillions des marguerites et des bluets dont nous faisions de charmantes couronnes? Et pendant les longues soirées d'hiver, quand nos parents, assis autour de la grande table ronde, nous lisaient de charmantes histoires, te rappelles-tu comme nous écoutions, comme il nous tardait d'en savoir la fin? Et, les soirs d'été, quand nos deux familles se réunissaient sous les grands arbres, et que nous récitions à haute voix la prière, te souviens-tu comme nous étions heureuses?

Je retrouve presque le bonheur de mon enfance en me souvenant de nos travaux communs. Comme nous étions contentes d'apprendre ensemble nos leçons, de faire toutes deux le même devoir! Et lorsque venait la fête de nos mères, c'était à qui offrirait la plus jolie broderie, la plus belle tapisserie!

Vois-tu toujours dans ton esprit le banc de gazon vert près duquel coule une source limpide? C'est là que nous allions nous conter nos plaisirs et nos peines; c'est là que, le jour de notre première communion, nous avons planté ce rosier, où il n'y avait alors que deux blanches roses d'épanouies, qui s'inclinaient l'une vers l'autre comme pour marquer l'amitié qui nous unissait.....

Je me rappelle encore l'église du village, sa haute tour, le cadran, la cloche, dont le tintement a fait tant de fois tressaillir notre cœur, surtout le jour où, vêtues de blanc, nous nous sommes approchées pour la première fois de l'autel saint. Oh! c'était du bonheur, cela!

Tous ces souvenirs, ma bien-aimée Florestine, ont pour moi un charme inexprimable, et j'aime à les effeuiller, pour ainsi dire, un à un, et je te les écris afin de jouir encore un instant de ces intimes causeries que nous aimions tant au village.

Ton amie pour la vie.

MARGUERITE.

62.

Clotilde à Athanagild, roi des Wisigoths, son mari, qui veut la forcer d'abjurer le christianisme.

SOMMAIRE.

Elle commence par lui rappeler les rêves de bonheur qu'elle avait faits en l'épousant..... Faut-il qu'elle ait à lui reprocher son inutile barbarie!.... car rien ne la rendra parjure à sa foi..... jamais les erreurs d'Arius..... Dieu qui l'a consolée et soutenue jusqu'à présent dans ses souffrances ne la délaissera pas..... Sa mère Clotilde fut plus heureuse qu'elle, lorsque..... Souvenez-vous, dit-elle en terminant, que j'ai quatre frères rois.....; craignez surtout la colère de celui.....

DÉVELOPPEMENT.

Seigneur,

Vous que naguère j'appelais mon époux, vous de qui j'attendais le bonheur de ma vie, faut-il que vous me forciez aujourd'hui de vous reprocher votre barbarie! Quel sacrifice exigez-vous de moi? Quoi! vous voulez que je sois parjure, que j'abandonne ma foi pour suivre les erreurs d'Arius! Oublieriez-vous que le sang de Clovis coule dans mes veines? Si jusqu'ici vous avez pu espérer que votre rigueur et vos mauvais traitements pourraient me faire changer de résolution, désabusez-vous; je suis bien faible, il est vrai, contre votre pouvoir; mais en vain vous me feriez périr dans les supplices; mon cœur et ma volonté seront toujours pour celui qui, d'un signe de sa toute-puissance, précipite les rois du faîte de leur gloire et réduit leur trône en poussière.

Quelle résignation ne m'a-t-il pas fallu pour supporter vos rigueurs, et résister à vos violences! mais Dieu n'abandonne jamais ceux qui lui sont fidèlement attachés. Il me consolait dans mes malheurs, il prêtait l'oreille à ma voix suppliante; et mes larmes, versées dans son sanctuaire, diminuaient le poids de mon infortune et raffermissaient mon courage. O Clotilde, ma mère, combien tu fus plus heureuse que moi! Combien ta piété fut plus dignement récompensée, lorsque, arrachant le bandeau de l'erreur qui couvrait les yeux de Clovis, mon père, tu lui fis connaître la sainteté de notre croyance, et lorsque ton époux, plein d'admiration pour cette loi divine et de reconnaissance pour son auteur, se déclara chrétien devant toute son armée, et entraîna par son exemple la plupart de ses guerriers. Quel triomphe pour la foi! quelle félicité pour celle à qui en revenait la gloire!

Mais moi, princesse infortunée, loin de pouvoir espérer un tel bonheur, à peine puis-je invoquer le Ciel dans le silence de la retraite, et c'est mon époux qui me réduit à ce degré d'infortune!... Ah! si je n'ai plus de pouvoir sur votre cœur, si vous êtes sourd à mes prières, rappelez-vous que rien ne pourra me faire renoncer à ma religion; sachez d'ailleurs que je n'oublie pas que j'ai quatre frères, tous rois puissants; craignez plus encore la justice de celui qui laisse rarement ici-bas les méchants prospérer.

CLOTILDE.

63.

Une contrariété. (Lettre d'Eudoxie à Juliette.)

SOMMAIRE.

Vous avez été invitée à une partie de plaisir (promenade, soirée, etc., etc...); un accident imprévu (chute, entorse, etc.....) vous empêche d'y assister : vous en témoignez vos regrets à votre amie.

DÉVELOPPEMENT.

Ma chère Juliette,

Tu seras sans doute bien surprise de recevoir une lettre de moi, la veille de ta soirée. Tu sais combien je me réjouissais d'y aller, je m'en faisais une véritable fête ; nuit et jour je ne rêvais que fleurs, satins, rubans, valses, etc.; je ne mangeais presque plus ; je ne faisais que danser, tant j'étais joyeuse! La toilette la plus fraîche, la plus jolie était prête, pour ce jour tant désiré ; le moment approchait, et je me disposais à paraître dans tout mon éclat, lorsque ce matin, en descendant de ma chambre, je saute plusieurs degrés à la fois : — tu sais que c'est ma gentille habitude ; — mais, hélas! le pied me manque, je tombe!... Juge de ma frayeur, de mon dépit, lorsque j'ai vu que je ne pouvais me relever. On a fait venir le docteur qui m'a défendu expressément de bouger, car mon étourderie m'a valu une entorse.

Me voilà donc étendue sur mon lit, souffrant comme une martyre ! et moi qui n'ai pas de patience !... C'était bien la peine de tant me réjouir, de faire tant de frais de toilette ! et cette jolie guirlande de roses, elle m'allait si bien ! Ma robe blanche si fraîche, si gracieusement ornée, il faudra qu'elle reste dans l'armoire !... O maudite étourderie, que tu me causes de chagrin ! Etre forcée de rester au lit, tandis que les autres sont en fête !...

Adieu, ma chère Juliette ; amuse-toi bien ; je te dis cela avec dépit, quand je pense que je ne partagerai pas vos plaisirs. Tu viendras au moins consoler un peu la pauvre Juliette ; je t'attends après-demain.

Ton amie sincère,

EUDOXIE.

64.

Lettre d'un instituteur au père d'un élève renvoyé pour cause d'indiscipline.

SOMMAIRE.

Ce n'est, monsieur, qu'après avoir employé tous les moyens..... (*développez longuement*), que..... Je parviendrais peut-être à... ; mais je craindrais que le mauvais exemple..... Des leçons particulières pourraient..... Un maître éclairé, aidé de votre auto-

rité, obtiendrait..... Je vous prie, monsieur, d'agréer mes regrets, etc.

DÉVELOPPEMENT.

Monsieur,

Ce n'est qu'après avoir employé tous les moyens pos-
sibles de correction, que je me décide à remettre entre
vos mains l'enfant que vous m'aviez confié. Punitions,
récompenses, raisonnements, douceur, sévérité, tout
est resté sans effet ; rien n'a pu dompter son caractère
inflexible. Mes efforts ont été infructueux, monsieur ;
peut-être pourtant parviendrais-je à réformer ce caractère difficile ; mais je craindrais que le mauvais exemple, que sa longue résistance donne à mes élèves, ne
leur fût nuisible et ne fît tort à mon établissement.

J'ai bien étudié le caractère de votre fils, monsieur,
et je crois sincèrement qu'il conviendrait de lui faire
donner des leçons particulières chez vous. Un maître
éclairé et d'un sens droit, aidé de votre autorité et de
vos conseils, obtiendrait des résultats avantageux.

Je vous prie, monsieur, d'agréer mes sincères regrets,
et de me croire toujours tout dévoué à vos intérêts.

65.

Une mère à sa fille la veille de sa première communion.

SOMMAIRE.

Je regrette de ne pouvoir assister.... ; mais (*motivez*)..... Je partage la joie....; jamais tu..... N'oublie pas que d'une bonne première communion dépend..... J'espère que.... Puissent la bénédiction de ton père et la mienne.....

DÉVELOPPEMENT.

Ma chère fille,

Ta lettre m'a vivement touchée, et je regrette bien de ne pouvoir être témoin de ton bonheur ; mais ma santé ne me permet pas de me rendre à ta pension. C'est demain le plus grand jour de ta vie, le jour le plus beau ! Ta joie si vive a trouvé un écho dans mon cœur, je la partage et la comprends, je l'ai éprouvée comme toi. Jamais tu ne ressentiras d'émotions plus pures, de félicités plus grandes que celles qui t'attendent demain et que tu goûtes même dès aujourd'hui. N'oublie pas, mon enfant, qu'une bonne première communion influe sur le reste de la vie. Elle produira d'heureux effets en toi, j'en suis persuadée, car tu t'y es préparée depuis longtemps ; et le soin que tu as mis à te corriger de tes défauts pour te rendre digne de recevoir ton Dieu, me répond de l'avenir. Désormais, mon Amélie, tu es une grande personne et je te regarderai comme telle. Puissent la bénédiction de ton père et la mienne ajouter à ton bonheur ! Adieu ! ma chère fille, je te laisse sur cette pensée pleine de douceur et d'espérance : *demain.*

Ta meilleure amie,

Ta mère.

66.

Une nuit à la belle étoile. (Lettre de Georges à son ami Octave.)

SOMMAIRE.

J'ai passé, dira Georges à son ami, une nuit délicieuse dans un petit chemin qui côtoie le Rhône, près de Lyon.... Il avait fait très-chaud.... la soirée était charmante...... (*décrivez-la*). Je me promenais dans une sorte d'extase..... A la fin, je me sentis las... Je me couchai... (*dites où*). Il était grand jour quand je me réveillai... (*tableau qu'il a sous les yeux en se réveillant*). J'avais faim...... (*dites ce qu'il fit*).

DÉVELOPPEMENT.

Mon cher ami,

J'ai passé, la semaine dernière, une nuit délicieuse

hors de Lyon, dans un chemin qui côtoie le Rhône et que bordent une longue suite de jardins élevés en terrasse. Il avait fait très-chaud ce jour-là ; la soirée était charmante ; la rosée humectait l'herbe flétrie ; point de vent, une nuit tranquille ; l'air était frais sans être froid ; le soleil, après son coucher, avait laissé dans le ciel quelques vapeurs rouges dont la réflexion rendait l'eau couleur de rose ; les arbres étaient chargés de rossignols qui se répondaient de l'un à l'autre. Je me promenais dans une sorte d'extase, livrant mes sens et mon cœur à la jouissance de tout cela. Absorbé dans ma douce rêverie, je prolongeai fort avant dans la nuit ma promenade solitaire, sans m'apercevoir que j'étais las. Je m'en aperçus enfin. Je me couchai sur la tablette d'une espèce de niche ou d'arcade enfoncée dans un mur de terrasse : le ciel de mon lit était formé par les arbres touffus ; un rossignol était précisément au-dessus de moi ; je m'endormis à son chant ; mon sommeil fut doux, mon réveil le fut davantage. Il était grand jour ; mes yeux, en s'ouvrant, virent le soleil, l'eau, la verdure, un paysage admirable. Je me levai. La faim me prit ; je m'acheminai gaîment vers la ville, résolu de mettre à un bon déjeuner le peu d'argent qui me restait.

Une cordiale poignée de main.

Ton ami,
GEORGES.

67.

Lettre de plaintes d'une institutrice à la mère d'une de ses élèves.

SOMMAIRE.

Il m'est pénible, madame, de....; mais mon devoir..... J'espérais toujours que..... Je ne crois pas que votre fille soit incorrigible....; mais un peu de sévérité..... Veuillez donc, madame, m'aider dans la tâche que..... Marie s'est imaginé que son indocilité chez moi la ferait retourner près de..... c'est à vous de... Je compte, madame, sur vous pour..... Recevez, etc.....

DÉVELOPPEMENT.

Madame,

Il m'est pénible de porter un coup douloureux à votre cœur de mère; mais mon devoir m'y oblige, et je ne puis vous cacher plus longtemps que je suis très-mécontente de votre fille. J'espérais toujours la ramener par la douceur et la patience à des sentiments raisonnables, et je m'adressais à son cœur, croyant y trouver la source de qualités assez grandes pour réformer son caractère et combattre ses mauvaises inclinations; mes efforts jusqu'ici ont été vains. Vous devez, madame, connaître votre fille; mais votre tendresse excessive s'est peut-être dissimulé la gravité de ses défauts, non pas que je veuille dire que cette chère enfant soit incorrigible, ou même que son naturel soit mauvais ; mais je suis fermement convaincue que trop d'indulgence lui a nui, et je pense que pour la remettre dans le chemin de la raison et de la docilité, un peu de sévérité est nécessaire. Veuillez donc, madame, faire un effort sur vous; car je vous demande un sacrifice sans doute bien pénible : aidez-moi dans la tâche que j'ai entreprise ; votre chère Marie s'est imaginé que son indocilité chez moi la ferait retourner près de vous : montrez-vous inflexible, ne venez la voir que lorsque vous aurez reçu un bon témoignage de sa conduite, et vous verrez bientôt en elle un heureux changement auquel vous aurez contribué autant que moi.

Je compte sur vous, madame, et je connais trop bien votre haute raison et votre tendresse éclairée pour votre enfant, pour douter de votre concours dans une entreprise qui a pour but de la corriger.

Veuillez, madame, recevoir l'assurance de mon entier dévoûment.

68.

Le retour à la ville. (Lettre de Jules à son cousin Stéphen.

SOMMAIRE.

Jules annonce à son cousin qu'il va bientôt revenir de la campagne; il lui fait espérer qu'ils passeront gaîment l'hiver, et lui parle des amusements qu'ils auront. Il termine par quelques mots affectueux pour le père de Stéphen.

DÉVELOPPEMENT.

Mon cher cousin,

Nous allons bientôt quitter la campagne, je vais enfin te revoir. Je n'ai pas besoin de te dire que j'attends avec impatience le jour du départ. J'emporterai des livres pour que nous passions gaîment notre hiver. J'ai aussi quelques petites pièces de théâtre, nous les jouerons si nous pouvons réunir un assez grand nombre d'acteurs et d'actrices.

Que nous allons être heureux au coin du feu de ton salon, lorsque nous serons réunis avec Auguste, Ernest, Georges, Octave et Léon ! La présence de ton père, loin de déranger nos jeux, les rendra plus animés ; il nous aime tant, ce bon oncle ! N'oublie pas, mon cher Stéphen, de lui présenter mes respects bien affectueux ; et toi, compte sur l'amitié de ton cousin.

JULES.

69.

Un bon cœur.

Alberte demande à sa mère la permission de donner à Blanche, son amie, dont les parents se trouvent dans le besoin, la petite

somme qu'elle reçoit, chaque mois, pour ses menus plaisirs.
(Ce sujet est si facile à traiter, que nous ne donnerons pas de
sommaire.)

DÉVELOPPEMENT.

Ma chère petite mère,

J'apprends, par la lettre que m'écrit Blanche, mon amie, que ses parents ne sont pas heureux; elle me laisse entendre que vous venez à leur secours. Permettez-moi de participer à votre bonne action, en faisant passer à mon amie la petite somme que vous me donnez, chaque mois, pour mes menus plaisirs. Je ne me priverai que de quelques bagatelles, au lieu que Blanche manque peut-être du nécessaire. Ne lui dites point que cela vient de moi : je ne veux point qu'elle me remercie; si j'étais à sa place et qu'elle fût à la mienne, elle agirait certainement avec moi comme je fais avec elle; c'est un grand plaisir pour moi de lui donner cette preuve de ma sincère amitié. Accordez-moi la permission que je vous demande, ma chère petite mère, je vous en serai bien reconnaissante.

Recevez les baisers de votre très-respectueuse fille,

ALBERTE.

70.

Louis XII à sa sœur, la duchesse de Nemours, dont le fils, Gaston de Foix, vient d'être tué à la bataille de Ravenne.

SOMMAIRE.

Consultez votre histoire de France et mettez quelques paroles de consolation dans la bouche de Louis XII.

DÉVELOPPEMENT.

Madame,

Nous sommes vainqueurs, mais que *Dieu nous garde de remporter jamais de pareilles victoires !* Quel désespoir pour vous, madame, quelle perte irréparable pour le trône; quelle douleur pour tous ! Gaston vient de vous être enlevé au milieu de son plus brillant triomphe; mais c'est une consolation, dans un pareil malheur, de penser qu'il emporte les regrets de tous ses compagnons d'armes; ses ennemis mêmes n'ont pu retenir leurs larmes.

Il a été arrêté dans sa glorieuse carrière par un destin fatal; mais consolez-vous, ma bonne sœur : ce fils, l'objet de vos douleurs, n'est pas mort; il vit par ses vertus dans un monde meilleur, et parmi nous par l'éclat de ses victoires. Non, la mémoire du héros de Ravenne ne saurait périr; Gaston est immortel!

Consolez-vous donc, ma bien-aimée sœur; et, si vos larmes coulent trop amères, songez que votre frère et roi y mêle les siennes, et que la France entière pleure avec vous.

Que Dieu, ma chère sœur, vous ait sous sa sainte garde!

LOUIS.

71.

Une tante à sa nièce qui lui a demandé QUELLE EST LA PLUS BELLE QUALITÉ QUE PUISSE POSSÉDER UNE JEUNE PERSONNE.

SOMMAIRE.

Elle lui dit que ce n'est ni...., ni...., ni....; mais que c'est la douceur. Une jeune personne ne saurait être aimable, si un ton brusque, etc., etc. (*développez*). La douceur conduit d'ailleurs à la modestie, à...., à..., à..... (*développez*).

DÉVELOPPEMENT.

Ma chère nièce,

La qualité la plus précieuse que puisse posséder une jeune personne, ce n'est ni l'esprit qui brille, ni la beauté qui séduit, ni la gaîté qui charme... c'est la douceur. La douceur! ne nous vient-elle pas du ciel? et, lorsqu'on parle de ces beaux anges qui entourent le trône de la Vierge, ne met-on pas la douceur au premier rang de leurs attributs?

Quelles que soient les qualités d'une jeune personne, elle ne peut être aimable, si un ton brusque, des paroles de colère, des mouvements emportés lui font oublier la réserve de son sexe. Qu'elle est belle et séduisante, la douceur! et combien sont heureuses les jeunes personnes qui la possèdent! La douceur, si aimable par elle-même, est d'ailleurs toujours accompagnée d'autres qualités précieuses; elle conduit à la bienveillance, à la modestie, à la compassion et à l'indulgence, qui jette un voile officieux sur les défauts d'autrui. Mais, qu'ai-je besoin, ma chère nièce, de t'entretenir si longtemps d'une qualité qui fait ton plus bel ornement?

Ta tante et amie.

72.

A une jeune fille colère. (Lettre d'une mère à sa fille.)

SOMMAIRE.

La mère fait voir à sa fille que la colère est la plus dangereuse des maladies, parce qu'elle attaque tout à la fois l'âme et le visage ; elle l'engage à se corriger.

DÉVELOPPEMENT.

Ma chère fille,

Ta maîtresse de pension m'a écrit hier ; elle se plaint que la colère est toujours ton défaut dominant. Tu ne saurais croire, mon Héloïse, tout le mal que tu me fais en ne cherchant pas à te corriger. Elle m'apprend aussi que tu n'as pas d'amies, et que tes compagnes évitent même de te parler, parce que ton caractère, aigri par la colère, fait que tu ne trouves rien de ton goût ; pour un mot qui ne te plaît pas, ton front se rembrunit, et alors l'orage éclate.... N'oublie pas, ma chère fille, que la colère est un des sept péchés capitaux, et peut-être le plus dangereux de tous, parce qu'il défigure à la fois l'âme et le visage. Je t'en supplie, ma chère enfant, corrige-toi de ce vilain défaut qui te ferait détester de tout le monde, et tu rendras ta mère bien heureuse.

Je t'embrasse bien tendrement.

73.

Aimée fait à son amie le compte-rendu de la tragédie d'Esther, qu'on a jouée à sa pension, à l'occasion de la fête de sa maîtresse.

SOMMAIRE.

Elle dit à son amie par qui chaque rôle était rempli; elle lui donne des détails sur les divers costumes, et lui fait part de petits incidents qui sont venus égayer la représentation. Elle lui dit que tous les acteurs ont admirablement joué et ont été fort applaudis.

DÉVELOPPEMENT.

Ma chère Léonie,

Je t'ai fait part, dans ma dernière lettre, du plaisir que nous nous faisions de jouer la tragédie d'*Esther* pour la fête de notre maîtresse. C'est hier que ce plaisir s'est réalisé, et je profite du congé qu'on nous a donné pour t'en rendre compte. Les rôles de Mardochée, d'Assuérus, d'Aman, d'Elise et de Zarès étaient remplis par Héloïse, Emma, Berthe, Estelle et Albertine.

Depuis plusieurs semaines nous nous occupions des costumes, car nous pensions bien que leur variété ferait le principal attrait de la pièce.

Hier, tous les acteurs sont arrivés à dix heures dans la salle d'habillement. Cette salle ne ressemblait pas mal à la boutique d'une marchande à la toilette : ici des châles, là des robes ; à gauche des babouches, à droite des barbes… Ce mot *barbe* t'effraye peut-être, je vais t'en expliquer la présence. Nous tenions beaucoup à ce que les hommes eussent leur marque distinctive, afin que l'illusion fût complète ; aussi avions-nous fabriqué des barbes avec des crins de différentes couleurs. Nous avions choisi du crin blanc pour Mardochée, qui, avec cet ornement, ne ressemblait pas mal à un vieux patriarche. Son habillement était complété par un caban qu'on avait mis à l'endroit pour servir de cilice, et à l'envers pour le revêtir de la pourpre. Assuérus avait une barbe noire et un diadème magnifique. Il était enveloppé dans un long châle rouge brodé d'or, qui formait draperie. Je ne saurais mieux te le comparer qu'à un magicien. Aman avait pareillement une barbe, et ce qui a fait beaucoup rire, c'est qu'elle est tombée au pied du trône d'Assuérus. Elise, vêtue tout en blanc, présidait à merveille le chœur aussi tout en blanc. Je ne dois pas oublier de te parler de Zarès, qui avait un costume ravissant et qui a joué à merveille. Tu t'étonnes sans doute que je ne te parle pas d'Esther ; mais je dois te dire que, comme c'est moi qui ai rempli ce rôle, je me dispense de faire, soit ma critique, soit mon éloge.

Je termine donc mon compte-rendu en te disant que tout s'est bien passé, et que nous nous sommes beaucoup amusées ; quant au plaisir que nous avons fait, d'autres de mes compagnes et de tes amies qui ont assisté à la représentation t'en rendront compte.

Ton amie sincère,
AIMÉE,

74.

Un petit mousse à sa mère. (Lettre familière.)

SOMMAIRE.

Il dit à sa mère que sa santé, etc..... Il raconte, à sa façon, qu'il a sauvé le commandant..... (*dites dans quelle circonstance*). Son courage lui a valu une récompense : il est maintenant matelot de première classe..... Il pourra envoyer un peu plus d'argent à sa vieille mère..... Il lui recommande de se bien soigner.

DÉVELOPPEMENT.

Chère mère,

La présente est pour vous dire que j'ai toujours été bien portant depuis la dernière fois, sauf que, la semaine passée, j'ai manqué de me noyer avec le canot, ce qui aurait été une grande perte, vu qu'il n'y a pas de meilleure embarcation.

Nous avons capoté par un coup de vent; et, juste comme je revenais sur l'eau, j'ai aperçu le commandant qui allait dessous; je l'ai suivi, comme c'était mon devoir; et, après avoir plongé trois fois, je l'ai ramené à flot, ce qui lui a fait bien plaisir; car, quand on nous a eu hissés à bord et qu'il a repris son esprit, il m'a sauté au cou, comme il eût fait à un officier.

Je ne vous cache pas, chère mère, que ça m'a flatté le cœur. Mais c'est pas tout, il paraît que d'avoir repê ché le capitaine, ça a rappelé que j'étais un homme solide, et on vient de m'apprendre que je passais matelot à *trente*, ou, autrement dit, de première classe ! Quand j'ai su la chose, je me suis écrié : Bon, la mère prendra du café deux fois par jour ! Et de fait, chère maman, il n'y a plus maintenant d'empêchement, puisque je vais pouvoir augmenter ma délégation.

Je termine en vous suppliant de vous bien soigner, si vous voulez me rendre service ; car l'idée que vous ne manquez de rien me fait me bien porter.

Votre fils du fond du cœur,

JACQUES.

75.

Réponse à la lettre précédente.

SOMMAIRE.

La mère dit à son fils qu'elle est heureuse d'apprendre que...., et que....; elle le félicite d'avoir fait son devoir..... Elle se porte parfaitement..... Elle ne manque de rien....; elle a même placé à la caisse d'épargne..... Elle lui a tricoté trois gilets..... Elle lui envoie des nouvelles de sa famille..... Elle a donné à une cousine qui vient de perdre son mari les trente francs que son fils lui a fait parvenir..... Elle termine en lui rappelant de penser toujours au bon Dieu et à sa vieille mère.

DÉVELOPPEMENT.

Mon bon Jacques,

C'est pour moi un grand contentement d'apprendre

que tu continues à avoir un brave cœur, et que tu ne feras jamais affront à ceux qui t'ont élevé. Je n'ai pas besoin de te dire de ménager ta vie, parce que tu sais que la mienne est avec; et que, sans toi, je n'aurais plus de goût que pour le cimetière; mais on n'est pas obligé de vivre, tandis qu'on est obligé de faire son devoir.

Ne t'inquiète pas de ma santé, bon Jacques, jamais je ne me suis mieux portée! je ne vieillis pas du tout de peur de te faire du chagrin. Rien ne me manque et je vis comme une propriétaire. J'ai même eu cette année de l'argent de trop; et, comme mes tiroirs ferment très-mal, je l'ai placé à la caisse d'épargne, où j'ai pris un livret en ton nom. Ainsi, quand tu reviendras, tu te trouveras dans les rentiers. J'ai aussi garni ton armoire de linge neuf, et je t'ai tricoté trois nouveaux gilets pour le bord.

Toutes tes connaissances se portent bien. Ton cousin est mort en laissant sa veuve dans la peine. J'ai dit que tu m'avais écrit de lui remettre les trente francs que j'avais touchés sur ta délégation; et la pauvre femme se souvient de toi, matin et soir, dans ses prières. Tu vois que c'est là un placement à une autre caisse d'épargne, mais celle-ci, c'est notre cœur qui en reçoit les intérêts.

Au revoir, cher Jacques; écris-moi souvent, et rappelle-toi toujours le bon Dieu et ta vieille mère.

FIN.

TABLE.

FIN DE LA TABLE.

PARIS. — ÉDOUARD BLOT, IMPRIMEUR, RUE TURENNE, 66.